Holger Mittelstädt | Rainer Mittelstädt

99 Tipps

Effektives Selbstmanagement

Holger Mittelstädt ist Schulleiter in Brandenburg. Er unterrichtet die Fächer Musik und Deutsch. Darüber hinaus ist er in der Lehrer- und Schulleiterfortbildung tätig sowie Autor zahlreicher Veröffentlichungen zum Thema Unterrichts- und Schulmanagement.

Rainer Mittelstädt ist Inhaber einer Werbeagentur in Bayern. Er arbeitet mit Schülern der Sekundarstufe I und II im Rahmen der Berufsvorbereitung zusammen und ist als Dozent in verschiedenen Erwachsenenbildungsstätten tätig.

Holger Mittelstädt | Rainer Mittelstädt

99 Tipps
Effektives Selbstmanagement

Cornelsen
SCRIPTOR

Die in diesem Werk angegebenen Internetadressen haben wir überprüft (Redaktionsschluss Mai 2009). Dennoch können wir nicht ausschließen, dass unter einer solchen Adresse inzwischen ein ganz anderer Inhalt angeboten wird.

Nicht in allen Fällen war es uns möglich, den Rechteinhaber ausfindig zu machen. Berechtigte Ansprüche werden selbstverständlich im Rahmen der üblichen Vereinbarungen abgegolten. Wir bitten um Verständnis.

www.cornelsen.de

Bibliografische Information: Die Deutsche Bibliothek verzeichnet diese Publikation in der Deutschen Nationalbibliografie; detaillierte bibliografische Daten sind im Internet über http://dnb.ddb.de abrufbar.

Dieses Werk berücksichtigt die Regeln der deutschen Rechtschreibung, die seit August 2006 gelten.

5. 4. 3. 2. 1. Die letzten Ziffern bezeichnen
13 12 11 10 09 Zahl und Jahr der Auflage.

Konzeption: Dorothee Weylandt, Berlin
Redaktion: Birte Meyer, Berlin
Herstellung: Brigitte Bredow, Berlin
Die Reihenkonzeption wurde von Cornelia Colditz und Claudia Kahlenberg im Rahmen eines studentischen Wettbewerbs im Studiengang Verlagsherstellung an der HTWK Leipzig (www.verlagsherstellung.de) unter Leitung von Julia Walch, Bad Soden, entwickelt.
Satz/Layout: Julia Walch, Bad Soden
Illustrationen: Mone Schliephack, Niedernhausen-Oberjosbach
Umschlaggestaltung: Magdalene Krumbeck, Wuppertal
Druck und Bindearbeiten: CPI – Clausen & Bosse, Leck
Printed in Germany
ISBN 978-3-589-22937-6

Gedruckt auf säurefreiem Papier,
umweltschonend hergestellt aus chlorfrei gebleichten Faserstoffen.

Inhaltsverzeichnis

Den Unterricht vorbereiten

Den Unterricht meistern

Mit anderen zusammenarbeiten

Abschalten und entspannen

Vorwort

> „Alles hat seine Zeit."
> *(Die Bibel, Prediger 3,1)*

Als Lehrer befindet man sich in der klassischen Sandwich-Position. Von allen Seiten werden unterschiedlichste Ansprüche an Lehrkräfte gestellt, jeder will einen in seine Richtung ziehen und zerren.
Man selbst will vor allem einen guten Unterricht machen, ohne dabei gesundheitlich und psychisch Schaden zu nehmen. Schüler erwarten unterhaltende Wissensvermittlung bei gleichzeitig hervorragenden Noten für die eigenen Leistungen. Eltern fordern, dass so wenig Unterricht wie möglich ausfällt, hoffen auf eine gerechte Leistungsbeurteilung und wünschen sich, dass ihre Schützlinge gerne zur Schule gehen. Der Schulleiter verlangt einen pünktlichen Stundenbeginn, die Einhaltung aller Rechtsvorschriften sowie die Umsetzung aller innovativen Ideen, die von verschiedenen Seiten an die Institution Schule herangetragen werden. Die Kollegen erhoffen die Weitergabe von Kopiervorlagen, die Kompromissbereitschaft beim Stundentausch und die Unterstützung bei besonderen Vorhaben.
Daneben gibt es, nicht zu vergessen, den Anspruch der Gesellschaft an die Schule von heute sowie eine immer noch weit verbreitete Annahme vom Halbtagsjob Lehrer. Und niemand sieht, dass man Abend für Abend am Schreibtisch sitzt und sich den Kopf darüber zerbricht, wie man den nächsten Tag bewältigen, die Klausur bewerten oder das Ziel der nächsten Klassenfahrt auswählen soll.

Aber halt, es ist ja Land in Sicht. So schwer ist es eigentlich gar nicht. Um vor den Ansprüchen, die die anderen an einen stellen, und den eigenen Vorstellungen von Beruf und Leben nicht zu kapitulieren, bedarf es eines guten und effektiven Selbstmanagements. Die 99 Tipps in diesem Buch sollen Ihnen dazu verhelfen.
Natürlich braucht jeder andere Anregungen – also übergehen Sie einfach die Tipps, die für Sie gerade nicht relevant erscheinen. Es war unser Bestreben, möglichst viele Herangehensweisen und Ideen für ein effektives Selbstmanage-

ment vorzustellen, um Ihnen damit ein breites Spektrum zu eröffnen, aus dem Sie auswählen können. Es bleibt Ihnen überlassen, die Tipps abzuwandeln oder zu ergänzen – gehen Sie einfach so damit um, dass Sie den größtmöglichen Nutzen aus den hier versammelten Tipps ziehen.

Das Buch ist in acht Abschnitte gegliedert. Vielleicht lesen Sie es nicht in einem Rutsch durch. Schauen Sie lieber, in welchen Kapiteln Sie am ehesten Tipps oder Lösungen für Ihre aktuellen Probleme vermuten. Oder Sie blättern wahllos durch das Buch und fangen einfach da an zu lesen, wo Ihr Interesse geweckt wird.

Im ersten Kapitel „Arbeitsweise optimieren" sind die Tipps versammelt, die Ihnen helfen, Struktur in tägliche Aufgaben zu bringen und Handlungsweisen zu reflektieren.
Im zweiten Abschnitt „Für Ordnung sorgen" folgen Anregungen, wie Sie Ihr persönliches Arbeitsumfeld besser strukturieren, um sich so den Arbeitsalltag zu erleichtern. Dazu gehören Tipps zur Organisation des Arbeitszimmers genauso wie zur gezielten Internet-Recherche und zur Nutzung des Internetportals Wikipedia.
Die Kapitel drei und vier beschäftigen sich mit dem Thema Unterricht im Allgemeinen. Im Kapitel „Den Unterricht vorbereiten" möchten wir Ihnen Hilfestellungen zu Fragen wie „Gibt es den idealen Lehrer?", „Wie verschaffe ich mir einen guten Jahresüberblick?" oder „Wie entwickle ich kreative Ideen?" geben. Einige der Vorschläge eignen sich auch dazu, sie an Schüler im Rahmen des Methodentrainings weiterzugeben.
Im Abschnitt „Den Unterricht meistern" erhalten Sie konkrete Hinweise für Ihre Arbeit in der Schule sowie zum Zeitmanagement im Unterricht, die von den Schülern nicht nur umgesetzt, sondern auch selbstständig angewendet werden können.
Teamarbeit kann die eigene Tätigkeit entscheidend erleichtern und sorgt spürbar für Entlastung. Das Kapitel „Mit anderen zusammenarbeiten" liefert Ihnen daher nicht nur

Anregungen zur Zusammenarbeit mit Kollegen, sondern auch mit Außenstehenden, wie z. B. einem Coach.
Natürlich muss man als Lehrer auch persönliche Gespräche mit Eltern, Sitzungen und Konferenzen mit Kollegen oder den Termin beim Schulleiter vorbereiten und durchführen. Wie das am besten gelingt, können Sie im sechsten Kapitel „Gespräche und Sitzungen vorbereiten" nachlesen.
Um Schwierigkeiten mit Schülern, Kollegen und Eltern kommen Sie in der Schule nicht herum. Suchen Sie Tipps, wie Sie mit diesen am besten umgehen, werden Sie im Kapitel „Probleme und Konflikte lösen" fündig.
Abschließend lesen Sie in „Abschalten und entspannen", wie Sie sich von Ihrem Arbeitsalltag in der Schule am besten erholen können. Wir stellen Ihnen eine Reihe konventioneller und unkonventioneller Möglichkeiten vor, wie Sie wieder zu Kräften kommen, sich neu motivieren oder schlicht loslassen können.

Wir wünschen Ihnen, dass Sie mithilfe dieses Buches Wege und Anregungen finden, Ihren eigenen Schul- und Arbeitsalltag so zu organisieren, dass Sie sagen können: „Ich bin ein zufriedener Mensch."

Holger Mittelstädt
Rainer Mittelstädt

PS: Aus Gründen der besseren Lesbarkeit wird in diesem Buch durchgehend die männliche grammatische Form verwendet. Natürlich sind damit auch immer Frauen und Mädchen gemeint, also Lehrerinnen, Schülerinnen usw.

10 Top-Tipps ... Die Lieblingstipps der Autoren!

5 Das 80/20-Prinzip herausfordern

10 Alibitätigkeiten vermeiden

26 Die ALPEN-Methode

35 Korrekturen erleichtern II

47 Zeit rückwärts laufen lassen

51 Die Frust-Lust-Analyse

55 Beim Chatten Regeln einhalten

62 Nein sagen

91 Für fünf Minuten die Welt anhalten

99 Wut abreagieren

Es wird wieder mal alles zu viel: Der Kopf ist voll und man hat völlig den Durchblick verloren?

In diesem Zustand geistigen Chaos wichtige Dinge zu erledigen, ist schwer und wenig sinnvoll. Es scheint unmöglich, einen klaren Gedanken zu fassen, an zielgerichtetes Arbeiten ist nicht zu denken. Es muss aufgeräumt werden! Dabei ist völlig egal, ob in der Küche, in der Garage oder auf dem Schreibtisch. Wichtig ist, dass erst einmal äußerlich Ordnung geschaffen wird, dann wird auch der Kopf ganz schnell wieder frei.

Den Kopf frei bekommen

Gleich mal ausprobieren

Vielleicht muss auf Ihrem Schreibtisch sowieso mal Staub gewischt werden? Jetzt ist der richtige Zeitpunkt! Kopf abschalten, Staubtuch in die Hand und alle überflüssigen Gegenstände auf dem Schreibtisch wegpacken und ablegen, um Platz zu schaffen.

Abschweifen ist erlaubt: Vielleicht fällt Ihnen beim Aufräumen ein interessantes Arbeitsblatt in die Hände (Tipp 14). Oder Sie finden endlich das Schulbuch, nach dem Sie schon so lange gesucht haben.

› Tipp 14

Und dann fällt Ihnen womöglich noch auf, dass die eine oder andere Kleinigkeit noch dringend zu erledigen wäre: eine Rechnung bezahlen, eine E-Mail (Tipp 53) schreiben oder etwas nachschlagen. Tun Sie es jetzt! Was erledigt ist, ist erledigt – und braucht nicht länger Ihre Aufmerksamkeit.

› Tipp 53

Je mehr man rein äußerlich in einen „aufgeräumten Zustand kommt", desto mehr wird sich dieser Zustand auch auf den Kopf auswirken. Sitzt man erst an einem aufgeräumten Schreibtisch mit Platz und Übersicht, werden sich auch die nötigen Freiräume im Kopf finden.

Ordnung auf dem Schreibtisch – Ordnung im Kopf

Es stellt sich das Gefühl ein, schon viele wichtige Dinge erledigt zu haben, man blickt wieder durch und ist in der Lage, sich auf die eigenen Gedanken zu konzentrieren und kreativ zu agieren.

Achtung!

Behalten Sie immer die Zeit im Auge – manchmal räumt man lieber sehr intensiv auf, um sich vor den anderen Aufgaben zu drücken (Tipp 10). Setzen Sie sich ein Zeitlimit und halten Sie es auch ein!

› Tipp 10

Um die Ecke gedacht

Wenn Sie den Durchblick verlieren und dann anfangen, verkrampft wieder einen klaren Gedanken zu fassen, kommen Sie meistens nicht weit. Oft hat man in einer solchen Situation auch in anderen Bereichen den Durchblick verloren. Versuchen Sie daher, zuerst wieder an den Stellen Ordnung zu schaffen, an denen es im Moment am einfachsten gelingen kann!

2 Sich selbst motivieren

Das eigene Handeln erfordert Selbstmotivation, und diese steht in unmittelbarem Zusammenhang mit den Bedürfnissen, die ein jeder von uns hat.

Bedürfnispyramide nach Abraham Maslow

Der amerikanische Psychologe Abraham Maslow (1908–1970) hat Mitte des 20. Jahrhunderts die nach ihm benannte Bedürfnispyramide entwickelt. Dieses fünfstufige Modell zeigt die Bedürfnisse des Menschen und die sich daraus ergebende Motivation für sein Handeln.

5 Bedürfnisstufen

Zunächst müssen die unteren Bedürfnisstufen befriedigt werden, bevor die oberen gestillt werden können:

1. **Stufe: Körperliche Grundbedürfnisse**
   Die unterste Stufe und damit das Fundament der Pyramide umfasst die körperlichen Bedürfnisse, zu denen natürlich Essen und Trinken, aber auch z. B. Schlaf (Tipp 13), Wärme und Sexualität gehören.

› Tipp 13

Die Maslowsche Bedürfnispyramide

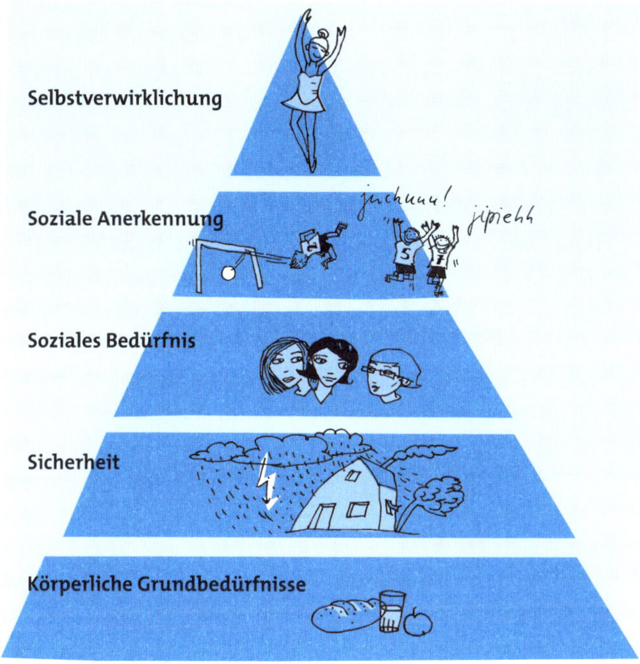

2. **Stufe: Sicherheit**
   Auf der zweiten Stufe steht das Bedürfnis nach Sicherheit, z. B. das Verlangen nach einer sicheren Arbeitsstelle oder nach Schutz vor Gefahren im Verkehr.
3. **Stufe: Soziales Bedürfnis**
   Die dritte Stufe benennt die sozialen Beziehungen, die z. B. in der Familie oder im Freundeskreis erfüllt werden müssen.
4. **Stufe: Soziale Anerkennung**
   Dieses Bedürfnis wird etwa durch Wohlstand, aber auch durch Auszeichnungen oder einen bestimmten gesellschaftlichen Status gestillt.
5. **Selbstverwirklichung**
   Ganz oben steht das Bedürfnis nach Selbstverwirklichung, also nach der Entfaltung des eigenen Talents oder nach geistiger Erfüllung (Tipp 25).

› Tipp 25

Was bedeutet diese Pyramide nun ganz praktisch? Einfach ausgedrückt: Wenn man Hunger hat, wird man sich (noch) nicht selbst verwirklichen können. Oder: Wenn die sozialen Beziehungen nicht stimmen, wird man auch nicht mit der sozialen Anerkennung zufrieden sein, die einem zuteil wird.

Gleich mal ausprobieren

Welche Bedürfnisse haben Sie im Moment? Zunächst fallen Ihnen sicherlich Bedürfnisse der untersten zwei Stufen ein. Solange Sie diese Bedürfnisse nicht befriedigen, werden auch Bedürfnisse auf höheren Stufen nicht erfüllt sein. Die Motivation für Ihr Handeln entspringt immer einem der fünf genannten Bedürfnisse!

3 Unangenehmes mit Angenehmem verbinden

Wer würde nicht gerne nur das tun, was ihm Spaß macht? Aber was wird dann aus den vielen Angelegenheiten, die einfach nur unangenehm oder langweilig sind, jedoch trotzdem erledigt werden müssen (Tipp 10)? Sie müssen versüßt werden!

› Tipp 10

Sicherlich, einige Dinge sind und bleiben einfach unschön und man widmet sich ihnen nur äußerst ungern. Aber es gibt viele Möglichkeiten, lästige Aufgaben z. B. mit Musik, beliebteren Tätigkeiten oder abwechslungsreichen Unternehmungen angenehmer zu gestalten. Schon kleine Veränderungen in einem ungeliebten, stupiden Arbeitsablauf lassen die Ausführung oft leichter und schneller von der Hand gehen.

Von der Routine abweichen

Gleich mal ausprobieren

Versuchen Sie es doch einmal mit folgenden Arbeitskombinationen:

- Sortieren, Zusammenheften und Klammern von Arbeitsblättern: Lässt sich sehr gut vor dem Fernseher erledigen.

- Korrektur von Klausuren: Kann mit entspannender Hintergrundmusik untermalt werden.
- Sichtung von potentiellen Klassenlektüren: Lässt sich gut mit dem Besuch einer Buchhandlung und dem nachfolgenden Stöbern in der Romanabteilung verbinden.
- Wegräumen von Arbeitsmaterialien: Lästiges Archivieren und Aufräumen (Tipp 14, 16–18) lässt sich ausnahmsweise auch mal mit einem Stück Kuchen und einer Tasse Kaffee versüßen.

› Tipp 14, 16–18

SOS-Tipp

Ist eine Kombination mit angenehmeren Tätigkeiten mal nicht möglich, dann schaffen Sie sich eine schöne Perspektive, die an die ungeliebte Arbeit anschließt, oder gönnen Sie sich schon davor etwas Schönes, dann fallen auch lästige Aufgaben leichter.

4 Zeit „gewinnen"

Zeit bewusst nutzen

„Wann soll ich das noch machen? Das ist wirklich nicht mehr unterzukriegen, dafür ist absolut keine Zeit mehr." Gedanken, die jeder kennt. Doch Zeit ist so relativ und die Beurteilung von Zeit völlig subjektiv. Es ist immer Zeit vorhanden, die Frage ist nur, wie man sie nutzt bzw. ausnutzt.

Um die Ecke gedacht

Es gibt Menschen, die gehen immer extrem spät zur Bushaltestelle – meistens müssen sie rennen, um den Bus noch zu erwischen. Sie brauchen dafür aber dann auch nur sechs Minuten und können morgens noch etwas länger im Bett bleiben. Andere gehen lieber früher aus dem Haus, unterwegs noch beim Bäcker vorbei und lesen an der Bushaltestelle schon in der Zeitung. Sie brauchen dafür eher 12 Minuten. Gleiche Anforderung – doppelt so viel Zeit.

Wahr ist, dass der erste Kandidat „absolut keine Zeit mehr“ hatte, unterwegs noch beim Bäcker ein Hörnchen zu kaufen. Ebenso wahr ist, dass er nur sechs Minuten früher losgehen müsste, um doch noch etwas beim Bäcker kaufen zu können.

Jeder hat Zeit!

Jeder Mensch hat zunächst einmal genug Zeit. Und doch hat jeder Mensch oft das Gefühl, „absolut keine Zeit“ zu haben.

› Tipp 37

Diesem Gefühl kann man entgegenwirken, indem man mit seiner Zeit bewusster umgeht und darauf achtet, wo sinnlos Zeit investiert wird (Tipp 37).

Gleich mal ausprobieren

Suchen Sie in einem normalen Tagesablauf nach sinnlos verbrauchter Zeit. Beim Aufstehen, im Bad, beim Frühstücken, auf dem Weg zur Arbeit usw. Gehen Sie so einen ganzen Tag durch und listen Sie alle fünf und zehn Minuten hier und da auf, die Sie unnötig aufwenden – genauso wie die Stunden, die sinnlos mit irgendeiner Betätigung dahinplätschern. Wie viel Zeit „gewinnen“ Sie?

Zeit anders einteilen

› Tipp 53
› Tipp 31, 32

Sieht man einmal genau hin, wird man schnell eine ganze Menge Zeit pro Tag finden, die eigentlich verschwendet ist. Gewonnene Zeit, die man gut da einsetzen kann, wo man „absolut keine Zeit“ zu haben meint: Dann muss der „Tatort“ eben mal ausfallen, dafür liest man lieber ein gutes Buch. Oder man verkürzt das Telefonat (Tipp 53) auf das Wesentliche und nutzt die Zeit noch zur Unterrichtsvorbereitung (Tipp 31, 32).

Es geht um den aktiven Umgang mit Zeit: Wenn man den besser in den Griff bekommt, wird ganz schnell klar: „Absolut keine Zeit“ hat (fast) niemand.

Das 80/20-Prinzip herausfordern

5

Es ist nach wie vor nicht wirklich erklärt, aber immer wieder nachgewiesen: das 80/20-Prinzip oder auch Pareto-Prinzip, nach seinem Entdecker, dem italienischen Ökonom Vilfredo Pareto (1848–1923), benannt.
20 Prozent Aufwand führen demnach zu 80 Prozent Ergebnis – und die restlichen 20 Prozent Ergebnis benötigen weitere 80 Prozent Aufwand.

20 Prozent Aufwand = 80 Prozent Ergebnis

Das Verblüffende ist, dass dieses Prinzip in fast allen Bereichen zu finden ist: Ob beim Motor, der 80 Prozent Energie verschwendet und nur 20 Prozent zur Fortbewegung nutzt, oder bei der Garderobe, von der man 20 Prozent in 80 Prozent seiner Zeit trägt (Tipp 71). Selbst bei Kriminellen trifft es zu, dass allein 20 Prozent von ihnen 80 Prozent des Gesamtschadens, der durch Verbrechen entsteht, verursachen.
Und wie könnte es da anders sein – auch im Schulalltag greift dieses Prinzip: 20 Prozent der Schüler gestalten 80 Prozent der Mitarbeit im Unterricht. Und 80 Prozent der Arbeit, die man als Lehrer investiert, bringen nur 20 Prozent Erfolg.
Man kann es drehen und wenden wie man will – es ist und bleibt ein frustrierendes und gleichermaßen erstaunliches Prinzip.

› Tipp 71

Um herauszufinden, was die effektiveren 20 Prozent der eigenen Arbeit ausmacht, sollte man diese genauer betrachten, z. B. mithilfe folgender Fragen: Was führt zu den 80 Prozent des Erfolgs? Welche Arbeitsstruktur kann man hier erkennen? In welcher Umgebung finden diese Arbeiten statt? Welche Jahres- oder Tageszeit lässt sich hier entdecken? Sind es die Zeiten, in denen man allein am Schreibtisch arbeitet, oder vielleicht die, in denen man mit anderen zusammen ein Thema erschließt? In welchem Zusammenhang stehen diese Arbeiten? Finden sie vor oder nach dem Essen statt?

Die effektiven 20 Prozent analysieren

Gleich mal ausprobieren

Stellen Sie das 80/20-Prinzip auf die Probe: Gehen Sie den Fragenkatalog durch und überlegen Sie, wie die effektiven 20 Prozent Ihrer Arbeit aussehen. Machen Sie sich dann auf den Weg, das Prinzip zu durchbrechen, indem Sie genau die gefundenen Punkte, die die 20 Prozent ausmachen, forcieren beziehungsweise ausbauen.

Wenn Sie also nach dem Essen besser arbeiten, dann essen Sie eben zuerst und fangen erst danach an zu arbeiten. Oder wenn Sie feststellen, dass Ihnen Teamarbeit (Tipp 52) wesentlich leichter fällt, dann versuchen Sie, mehr davon in Ihren Arbeitsprozess einzubauen.

› Tipp 52

Effektive Seite ausbauen

Natürlich wird es nicht gelingen, das Prinzip komplett zu widerlegen, aber man sollte genau hinsehen und sich das Prinzip zunutze machen, indem man seine effektive Seite analysiert und ausbaut, während man gleichzeitig die eher ineffektive in ihre Schranken verweist.

Wenn dabei am Ende ein 75/25-Prinzip entsteht, würden die Statistiker zwar sagen, das sei noch im Toleranzrahmen – für einen selbst wäre es aber ein großer Erfolg.

6 Sich nicht selbst im Weg stehen

Sich selbst den Wind aus den Segeln nehmen – im Segelsport ein absolutes Unding, im normalen Alltag aber täglich gerne wieder praktiziert: Man möchte ein Ziel erreichen, aber irgendwie steht man sich ständig selbst im Weg.

Den Erfolg im Blick behalten

Projekte werden häufig schon kontraproduktiv angegangen, und gleich zu Beginn wird festgestellt, dass man es sowieso nicht schaffen wird. Entweder aus Angst zu scheitern – dann kann man wenigstens sagen: „Hab's ja gleich gewusst …“ – oder aufgrund mangelnden Selbstbewusstseins. Egal, nichts ist schlimmer, als sich von vornherein selbst jede Aussicht auf Erfolg zu nehmen (Tipp 80, 85).

› Tipp 80, 85

Damit das nicht passiert, sollte man versuchen, folgende Fehler zu vermeiden:

- Der „Ich sollte mal“-Fehler
  Alle Projekte oder Anliegen, denen Sie diese drei Worte voranstellen, sind von vornherein zum Scheitern verurteilt. Sie implizieren, dass Ihre Umwelt etwas von Ihnen erwartet, von dem Sie selbst noch nicht wirklich überzeugt sind, dass Sie es wirklich wollen. Das kann nicht funktionieren.

„Ich sollte mal“-Fehler

SOS-Tipp

Ersetzen Sie die Worte „Ich sollte mal ...“ durch „Ich will ...“, oder nehmen Sie das Projekt gar nicht erst in Angriff.

- Der „Selbstboykott“-Fehler
  Das Vorhaben wird durch Sie selbst boykottiert, um Sie vor eventuellen Folgen zu bewahren.
  Sie schreiben an einem eigenen Theaterstück, fürchten sich aber davor, es jemals aufzuführen, weil Sie die Reaktion des Publikums nicht vorhersehen können. Also schreiben Sie seit Jahren immer weiter – kommen aber nie zum Ende. In diesem Fall können Sie das Schreiben getrost einstellen, wenn Sie sich dem Risiko des Misserfolgs nicht stellen wollen.

„Selbstboykott“-Fehler

- Der „Zu anstrengend“-Fehler
  Sie nehmen sich etwas vor, Sie haben auch Lust dazu und anfangs macht es Ihnen auch Spaß. Doch irgendwann wird es dann physisch oder psychisch anstrengend und Sie geben auf.
  Es gibt keinen Erfolg ohne Anstrengung, wenn Sie diese fürchten, lassen Sie es lieber gleich bleiben.

„Zu anstrengend“-Fehler

Gleich mal ausprobieren

Nichts ist schlimmer als die Frustration nach einem gescheiterten Versuch. Untersuchen Sie ein Vorhaben deshalb immer auf die genannten Fehler und versuchen Sie diese so weit wie möglich im Vorfeld auszumerzen oder wenigsten zu kontrollieren. Dann klappt es auch mit dem Vorhaben.

7 Dem Gedächtnis auf die Sprünge helfen

Mediale Reizüberflutung

„Ich bin noch jung, ich kann mir das alles merken." – das hat doch schon in der eigenen Schulzeit nicht geklappt. Erstens merkt man sich nur das, was einen wirklich interessiert, und zweitens leben wir heute in einer so schnellen und komplexen Welt, dass unser Gedächtnis gewissermaßen einer dauernden Reizüberflutung durch die Medien ausgesetzt ist.

› Tipp 30

Lassen Sie es gar nicht erst so weit kommen, dass Sie erschrocken sagen müssen: „Oh, das habe ich ganz vergessen." (Tipp 30). Helfen Sie Ihrem Gedächtnis doch lieber auf die Sprünge: mit Papier und Bleistift. Und für die Anhänger elektronischer Datenverarbeitung: mit Tastatur und Bildschirm.

Aufgeschrieben merkt es sich leichter

Nichts prägt sich nachhaltiger in Ihr Gedächtnis ein, als das, was Sie schon einmal aufgeschrieben haben. Nicht umsonst funktioniert der Einkauf ohne Einkaufszettel, der zwar geschrieben, aber zu Hause vergessen wurde, trotzdem.
Aber es geht darüber hinaus. Wenn Sie sich etwas merken wollen, dann ist es hilfreich, dies in einer sinnvollen Reihenfolge zu tun. Das ist im Kopf manchmal nicht so einfach, auf dem Papier dagegen schon.

› Tipp 66–68

Gleich mal ausprobieren

Sie müssen einen Elternabend vorbereiten (Tipp 66–68). Schreiben Sie eine Liste mit den Dingen, die Sie noch tun müssen, nicht vergessen dürfen, noch besorgen sollten und noch erledigen wollen.
Überschriften können sein:

- Besorgen
- Mitnehmen
- Anrufen
- Erledigen
- Vorbereiten usw.

Lassen Sie diese Liste offen liegen, immer mit einem Stift daneben. So können Sie sie jederzeit ergänzen.

Aber nicht nur das Aufschreiben ist hilfreich, auch das Ausstreichen der erledigten Aufgaben ist sehr wichtig. Zum einen gibt es Ihnen ein gutes Gefühl, schon so viel erledigt zu haben, zum anderen erhalten Sie auf diese Weise immer wieder einen guten Überblick über das, was noch alles gemacht werden muss.

Erledigtes einfach abhaken

Achtung!

Konzentrieren Sie sich beim Abarbeiten ganz und gar auf die einzelne Aufgabe, und lassen Sie sich nicht ablenken. Der Rest steht ja auf der Liste!

8 Erst denken, dann handeln

„Alle Wege führen nach Rom" lautet ein bekanntes Sprichwort. Richtig, aber der eine oder andere Weg kann sehr, sehr lange dauern, und das kann man sich, gerade wenn die Zeit knapp ist und die Termine eng liegen, nicht leisten.

Für eine hohe Effizienz im Zeitmanagement sollte man nicht nur den kürzesten Weg kennen, sondern möglichst auch mehrere Dinge auf diesem Weg erledigen.

Zeit effizient nutzen

Eigentlich ist es keine Kunst, seine Zeit effizient zu nutzen. Es gilt nur nachzudenken, bevor man handelt: Wie mache ich es am besten? Diese Frage erfordert einen Plan, und die Zeit dafür, meistens nicht sehr viel, sollte man sich bewusst nehmen (Tipp 26).

› Tipp 26

Um die Ecke gedacht

Das Prinzip – erst denken, dann handeln – kann überall angewendet werden, ob beim Arbeiten am Schreibtisch oder in der Schule. Dass ein kleiner Umweg trotzdem manchmal die höhere Effizienz bringt, versteht sich von selbst.

Einen Plan entwickeln

Ein guter Plan hat Antworten auf folgende Fragen:

- Was muss ich alles tun?
- Was davon kann ich verbinden?
- Welche Wege kann ich zusammenlegen (Tipp 9)?
- Wo komme ich sowieso auf meinem Weg vorbei?
- Was hat nichts miteinander zu tun und verlangt jeweils nach einem eigenen Ansatz?

› Tipp 9

Gleich mal ausprobieren

Vielleicht erstreckt sich Ihre Wohnung über mehrere Etagen; oft genug kommt es vor, dass Sie etwas in den ersten Stock, dann etwas in den Keller und schließlich auch noch etwas bis unters Dach tragen müssen? Dann versuchen Sie es doch einmal so:
Was in den Keller gehört, steht an der Kellertreppe: Wer immer auch hinuntergeht, nimmt die Sachen mit. Ebenso verfahren Sie mit den Dingen, die nach oben müssen. So werden viele Wege effizienter genutzt – und es wird eine Menge Energie gespart!

9 Handlungsabläufe koordinieren

„Das dauert alles viel zu lange!" Eine oft gehörte Aussage, die häufig die Konsequenz nach sich zieht, dass Aufgaben unerledigt bleiben oder nur ungenau und oberflächlich bearbeitet werden. Nicht ideal, aber was könnte man anders machen?

Am liebsten will man alle Aufgaben sorgfältig und mit hundertprozentiger Aufmerksamkeit erledigen. Doch das kostet Zeit und die ist in aller Regel knapp, wenn man sie wirklich braucht.

Abläufe sinnvoll planen

Um keine Zeit zu verschwenden und wirklich effizient zu arbeiten, sollte man sein Handeln zuerst sorgfältig überdenken, um dann im Anschluss die Abläufe sinnvoll planen zu können:

- Was könnte parallel erledigt werden?
- Was kann man besser morgens, mittags oder abends erledigen?
- Wozu muss man vor Ort sein, was kann man unterwegs tun?
- Welche Wege will man dreimal, zweimal oder vielleicht nur einmal gehen?
- Was haben andere vielleicht schon erledigt? Kann man davon profitieren?

Gleich mal ausprobieren

Folgende Aufgaben müssen erledigt werden:

- Ein Film (30 Min.) muss gesichtet und auf seine Einsatzfähigkeit geprüft werden.
- Ein Arbeitsbogen (drei Blätter) muss fünfzigmal kopiert, zusammengetragen und dann zweimal gefaltet werden.
- Für den Elternabend müssen noch Knabbersachen besorgt werden.
- Mit dem Arbeitsamt muss ein Termin zur Berufsberatung vereinbart werden.

Sie haben dafür 40 Minuten Zeit – wie gehen Sie vor?

So könnte die Lösung aussehen:

Gehen Sie morgens gleich mit dem Handy bewaffnet zum Kopierer und vervielfältigen Sie zuerst die Arbeitsblätter. Parallel dazu telefonieren Sie mit dem Arbeitsamt und vereinbaren einen Termin. In einer Freistunde schauen Sie sich den Film an, tragen währenddessen die Arbeitsblätter zusammen und falten diese. Auf dem Heimweg müssen Sie sowieso einkaufen und besorgen das Knabberzeug für den Elternabend gleich mit.

Achtung!

Versuchen Sie, Zeit zu sparen, die Sie für sich selbst und für Ihr eigenes Wohlbefinden nutzen können (Tipp 93, 96, 97), aber nicht für noch mehr Arbeit. Das motiviert und wirkt zusätzlich wie eine Belohnung.

› Tipp 93, 96, 97

10 Alibitätigkeiten vermeiden

Wenn man eigentlich wirklich viel zu tun hat, darunter auch Aufgaben, die schwierig sind oder auf die man einfach keine Lust hat, dann fängt man oft an, sich Alibitätigkeiten zu suchen, die einem in dem Moment mehr Freude bereiten, wie z. B. seinen Schreibtisch aufzuräumen (Tipp 14). Eigentlich ist das gar nicht so schlecht und wenn dabei noch etwas Ruhe und Klarheit ins Chaos kommt, umso besser. Allerdings wird das eigentlich Wichtige so von dem vermeintlich Wichtigen verdrängt (Tipp 39).

› Tipp 14

› Tipp 39

Gleich mal ausprobieren

Denken Sie einmal nach, und erstellen Sie dann eine Liste mit Ihren Standardalibitätigkeiten. Sie sind einfach zu entlarven: Listen Sie alles auf, was Sie lieber tun, bevor Sie die wichtigen und vielleicht unangenehmen Arbeiten angehen, z. B. einkaufen gehen, Bleistifte spitzen, Blumen gießen usw. Alle Tätigkeiten, die Ihnen einfallen, und seien sie noch so unbedeutend, gehören auf diese Liste.
Darunter schreiben Sie ganz groß: *Wenn es viel zu tun gibt, keine Alibitätigkeiten!* Verbieten Sie sich hiermit solche Arbeiten, wenn es Wichtiges oder Unangenehmes (Tipp 3) zu tun gibt – zumindest so lange, bis diese Arbeiten erledigt sind.

› Tipp 3

Es kommt darauf an, sich Dinge bewusst zu machen bzw. bewusster zu agieren. Natürlich müssen die Blumen manchmal gegossen werden, und wenn sie wirklich ganz schlapp aussehen, auch, wenn Sie gerade Stress haben. Aber man kann einen ganzen Nachmittag mit solchen „Kleinigkeiten" verbringen und am Ende fehlt die Zeit für die wichtigen Aufgaben.

Alibitätigkeiten bewusst nach hinten schieben

Eine Liste, auf der Sie Ihre liebsten Alibitätigkeiten notieren, dient dazu, Sie immer wieder zu erinnern: Es gibt Tätigkeiten, die Sie gerne vorziehen – widerstehen Sie diesem Reflex und stellen Sie diese Aufgaben bewusst hintenan.

SOS-Tipp

Eine andere Variante ist, bewusst eine beliebte Alibitätigkeit vorzuziehen und erst dann die großen Arbeiten anzugehen. Sie gönnen sich eine „schöne" Arbeit, bei der Sie sich noch einmal entspannen und die Sie genießen. Aber dann legen Sie los!

11 Sofort erledigen, nicht aufschieben

Es gibt eine Menge, was im Laufe eines Tages erledigt werden muss. Große und kleine, wichtige und unwichtige Aufgaben. Allen ist aber eines gemeinsam: Sie müssen erledigt werden.

Manches darunter kann und sollte man sofort erledigen, damit man auch im Kopf frei davon ist. Meistens sind es die kleinen, manchmal auch die unbedeutenden Dinge.

Im Kopf frei werden

Eine E-Mail ist oft schneller beantwortet, wenn man sofort nach dem Lesen reagiert: Man ist im Thema, hat die Antworten schon im Kopf und muss sie nur noch schnell aufschreiben. Auch der Computer ist noch an und das Programm noch offen.

Das sofortige Erledigen verhindert außerdem, dass aus kleinen Problemen plötzlich große werden. Das Aufschieben macht sie nämlich oft größer, als sie eigentlich sind (Tipp 33, 84).

› Tipp 33, 84

Noch dazu verschafft man sich durch diese Vorgehensweise schnell Erfolgserlebnisse: Wieder etwas erledigt, prima! Das hilft, die Selbstorganisation spürbar zu verbessern und die Kontrolle über das eigene Arbeiten zu behalten.

Erfolgserlebnisse schaffen

Automatisch arbeiten Sie auch an Ihrem Zufriedenheitslevel (Tipp 50, 51), denn oft rechnet man sich nur dann hohe Effektivität an, wenn man viele Dinge erledigt hat, seien sie auch noch so klein.

› Tipp 50, 51

SOS-Tipp

Hat man eine umfangreiche Aufgabe erledigt, anstelle vieler kleiner, beschleicht einen manchmal das Gefühl „Heute habe ich nicht viel geleistet ...". Daher ist die Gefahr groß, sich lieber kleinen, oft auch unwichtigen Dingen (Tipp 39) zuerst zu widmen, obwohl größere und dringlichere (Tipp 40) Aufgaben anstehen. Muss z. B. der Aufsatz korrigiert werden, denkt man plötzlich an die Bügelwäsche oder die Fensterscheiben.

› Tipp 39
› Tipp 40

In so einem Fall hilft es, konsequent eine große Aufgabe abzuarbeiten, indem man sich diese, wenn möglich, in kleinere Einheiten zerlegt (Tipp 65, 78) und sich zwischendurch mit kleineren Belohnungen bei Laune hält.

› Tipp 65, 78

Es ist wichtig, die Entscheidung „sofort erledigen" oder „später erledigen" immer in dem Moment zu treffen, in dem die Aufgabe auf den Tisch kommt. Hat man sie einmal weggelegt – und sei es nur für einen Augenblick –, ist sie schon aufgeschoben und eine sofortige Erledigung nicht mehr möglich. Zu schnell kommen andere Dinge dazwischen oder man hat einfach den Faden schon wieder verloren.

Gleich mal ausprobieren

Gehen Sie einen Tag bewusst nach diesem Prinzip vor: Sie werden schnell merken, dass man vieles sofort wegschaffen kann – und Sie werden eine sehr hohe Effektivität und Zufriedenheit feststellen. Und Zufriedenheit ist nie verkehrt. Sie steigert das eigene Wohlbefinden und fördert den Erfolg.

Hektik vermeiden, mit Bedacht vorgehen

12

100 Meter in 9,69 Sekunden – Rekord. Sechs Dinge gleichzeitig erledigen, rekordverdächtig.
Wo man hinsieht, wird Schnelligkeit großgeschrieben: im Sport, in der Automobilbranche, beim Reisen – schnell, schneller, am schnellsten. Doch nicht immer ist Schnelligkeit gleichbedeutend mit Erfolg. Zwar hat man sich mittlerweile daran gewöhnt – Hektik auf allen Ebenen –, aber es geht auch anders.

Unbedingt schnell zum Erfolg?

Achtung!

Verwechseln Sie Effizienz nicht mit hektischer Schnelligkeit – man kann durchaus schnell und hintereinanderwegarbeiten, aber man sollte sich dabei nicht von Rekordzeiten anstacheln lassen, sondern das Tempo lieber selbst bestimmen. Sie herrschen über die Zeit – nicht die Zeit über Sie!

„Auf die Schnelle"

Nur scheinbar kann man mithilfe von Schnelligkeit mehr erledigen und damit auch mehr erreichen. Rechnet man nämlich mal all die nötigen Korrekturen von kleinen Fehlern, die sich in der Hektik einschleichen, zusammen, die Wege, die man doppelt geht, weil man „auf die Schnelle" etwas vergessen hat, die Ideen, die man nicht gleich hatte, weil die Zeit fehlte, und die dann nachgearbeitet werden mussten, so hat man am Ende viel mehr Zeit investiert – anstatt weniger.

Vorgehen planen

Gute Planung kann eine Menge bewirken. Es lohnt keineswegs, hektisch zu agieren. Im Gegenteil. Für die Beantwortung folgender Fragen sollte man sich immer Zeit nehmen (Tipp 8, 9):

› Tipp 8, 9

- Wie lautet die Aufgabe?
- Welche Materialien bzw. welche Hilfsmittel werden benötigt?
- Wie viel Zeit steht zur Verfügung?
- Was ist das Ziel der Arbeit?

Gleich mal ausprobieren

Nehmen Sie sich einmal vor, Ihre Unterrichtsvorbereitung nur mit halbem Tempo zu erledigen: Gehen Sie langsamer, denken Sie langsamer, agieren Sie langsamer – und versuchen Sie dabei alles mit Bedacht zu tun. Entwickeln Sie zuerst einen Plan, und fangen Sie dann an, Ihre Stunde vorzubereiten (Tipp 31).

› Tipp 31

Sie werden sehen, dass Sie ohne Hektik und vermeintlich rekordverdächtiges Arbeiten oft schneller am Ziel sind und noch dazu ein inhaltlich besseres Ergebnis erzielen.

13 Schlafgewohnheiten verändern

Manch einer ist Frühaufsteher, ein anderer Langschläfer. Jeder Mensch hat seine Vorlieben und Bedürfnisse (Tipp 2). Doch manchmal lohnt es sich, entgegen den eigenen Bedürfnissen oder Gewohnheiten zu arbeiten. So können neue Energien freigesetzt werden.

› Tipp 2

Welcher Typ sind Sie?

Ohne Pause durcharbeiten

1. Sie kommen am späten Mittag oder am Nachmittag von der Schule nach Hause. Sie trinken eine Tasse starken Kaffee, essen eine Kleinigkeit und machen sich dann an die Arbeit. Korrekturen werden erledigt, der Unterricht des nächsten Tages wird organisiert und Telefonate mit Eltern werden geführt.
   Schließlich sind Sie am Abend zwar mit Ihren Aufgaben fertig, fühlen sich aber gleichzeitig auch sehr erschöpft und gehen, obwohl Sie sich den ganzen Abend freigeschaufelt haben, früh ins Bett.

Mittagsruhe einhalten

2. Sie kommen am späten Mittag oder am Nachmittag nach Hause, essen eine Kleinigkeit, trinken einen guten Espresso und begeben sich ohne Umwege auf die Couch. Nach einer kurzen Ruhephase plätschert der restliche Nachmittag so dahin.

Am Abend, nachdem alle anderen Aufgaben erledigt sind, setzen Sie sich noch einmal an den Schreibtisch und bearbeiten alle Aufgaben für die Schule. Todmüde fallen Sie um 23 Uhr ins Bett und haben das Gefühl, immer noch nicht mit allem fertig geworden zu sein.

Egal, welchem Typ Sie sich zuordnen, Sie werden merken: Für das eigene Wohlbefinden, die physische und psychische Gesundheit, sind beide Typen nicht ideal.

Wohlbefinden

Gleich mal ausprobieren

Probieren Sie einmal Folgendes: Sie erledigen wenige Aufgaben am Nachmittag, nehmen sich den Abend frei und stehen dafür nicht erst um sechs Uhr morgens auf, um den Tag anzugehen, sondern schon um vier Uhr. Dann erledigen Sie alle Aufgaben, für die Sie am Abend vorher zu müde waren. Das Ergebnis: Sie haben, obwohl Sie das gleiche Pensum schaffen, wenigstens einen „freien Abend".
Sie denken, dass Sie morgens um vier Uhr garantiert noch viel müder sein werden? Probieren Sie es einfach mal aus. Eine Umkehrung der Schlafgewohnheiten wirkt manchmal wahre Wunder: Der Körper wird aus dem gewohnten Rhythmus gerissen, Energiereserven werden freigesetzt.
Sicherlich werden Sie, wenn Sie um vier Uhr früh aufstehen, mittags eher erschöpft sein. Deshalb sollten Sie diesen Versuch nur dann unternehmen, wenn Sie wissen, dass Sie einen halbwegs erträglichen Tag vor sich haben.

SOS-Tipp

Manchmal ist es aber auch so: Man arbeitet bis spät in die Nacht und wird und wird nicht fertig. Dann sollte man einfach irgendwann aufhören, fünf bis sechs Stunden schlafen, und am nächsten Morgen früh aufstehen (Tipp 89). Die Arbeit geht einem leichter von der Hand und man schafft Sachen, die man am Abend vorher garantiert nicht mehr sorgfältig und aufmerksam bearbeitet hätte.
In diesem Fall hat man zwar insgesamt weniger Schlaf, bewältigt aber wenigstens kurzfristig mehr Aufgaben.

› Tipp 89

Achtung!

Kehrt man seine Schlafgewohnheiten um, muss sich auch der Organismus umstellen. Das kann neben positiven Effekten auch zu körperlichen Belastungen führen. Deshalb sollte man es nie übertreiben und gut auf die Bedürfnisse des eigenen Körpers achten.

14 Stapel abarbeiten

Im Laufe der Zeit sammeln sich im Arbeitszimmer, im Klassenzimmer oder im Lehrerzimmer die unterschiedlichsten Stapel an: Stapel mit Arbeitsblättern, Zeitschriftenartikeln, Rechnungen, interessanten Prospekten für Klassenfahrten, Postkarten und Briefen, Steuerbescheinigungen, Zeugnissen, Klassenarbeiten, Stundenplänen, Fotos, Buchtipps usw. Irgendwann ist ein Stapel zu hoch und kippt um. Auf dem Schreibtisch ist kein Platz mehr zum Arbeiten, man findet wichtige Unterlagen nicht und kommt zu dem Schluss: Es muss aufgeräumt werden! Aber wie nähert man sich den Stapeln am besten?

Kein Platz mehr zum Arbeiten? Aufräumen!

So nicht!
Man nimmt den ganzen Stapel auf den Schoß und blättert wahllos in ihm herum. Ab und zu fällt einem ein Blatt in die Hände, das man schon lange gesucht hat. Gelegentlich entnimmt man dem Stapel ein Blatt, das man dann gewissenhaft abheftet. Doch irgendwann gibt man völlig desillusioniert auf, legt den restlichen Stapel zurück an seinen Platz und stellt fest: Wirklich kleiner geworden ist er nicht.

Aber so!
Die zweite Möglichkeit ist ganz einfach und sehr effektiv. Man muss nur absolut konsequent arbeiten: Der Stapel bleibt an seinem Platz liegen, man nimmt nur das erste, oberste Blatt o. Ä. in die Hand. Dann kümmert man sich nur

um dieses Blatt. Kann es in den Müll? Beinhaltet es irgendeine Aufgabe, die erledigt werden sollte (Tipp 40)? Dann entweder sofort erledigen oder in die „To-do"-Ablage. Kann es irgendwo abgeheftet werden? Dann sofort lochen und abheften (Tipp 16, 17).

›Tipp 40

›Tipp 16, 17

So werden Stapel relativ schnell kleiner. Irgendwann entstehen natürlich neue – aber auch die lassen sich auf diese Weise beseitigen, konsequent und Blatt für Blatt.

Konsequent, Blatt für Blatt

Achtung!

Manchmal kommt es vor, dass beim In-die-Hand-nehmen eines Blattes ein anderes zum Vorschein kommt, mit dem der Umgang leichter fällt: Man weiß sofort, was damit passieren soll. Also wandert das erste Blatt wieder zurück auf den Stapel, nur um das zweite wird sich sofort gekümmert.

Dieser Versuchung sollte man auf keinen Fall erliegen. Das Blatt, das man einmal in die Hand genommen hat, wird bearbeitet!

Gleich mal ausprobieren

Haben Sie einen großen Stapel abgearbeitet, sollten Sie nicht vergessen, sich dafür auch zu belohnen, z. B. mit einer guten Tafel Schokolade oder einem schönen Spaziergang.

HÄNGEREGISTRATUR VERWENDEN

15

Früher war in jeden besseren Schreibtisch eine ausziehbare Hängeregistratur integriert. Nicht ohne Grund. Für die Organisation von Arbeitsmaterialien zu Hause, aber auch für die Verwendung im Klassenraum ist eine Hängeregistratur von großem Wert: Es können Hängemappen, Hängehefter oder eine Kombination aus beidem eingehängt werden. Mit oben aufgesetzten „Reitern" werden die einzelnen Mappen übersichtlich beschriftet.

Hängemappen, Hängehefter, „Reiter"

Gleich mal ausprobieren

Tipp 33

Tipp 14

- Teilen Sie sich unübersichtliche Aufgaben, z. B. die Korrektur von Klausuren, in kleine Teilaufgaben ein (Tipp 33). Für jede einzelne Teilaufgabe verwenden Sie eine Hängemappe, deren Reiter Sie mit dem Datum der Erledigung beschriften.
- Schauen Sie sich an, wie die Stapel, die sich nach und nach auf Ihrem Schreibtisch bilden, inhaltlich strukturiert sind. Da gibt es Elternbriefe, Schulmitteilungen, Arbeitsblätter usw. Jede einzelne Kategorie bekommt eine Mappe.
- Ab sofort sind Stapel auf dem Schreibtisch ein Tabu (Tipp 14). Die Mappen-Inhalte werden regelmäßig, z. B. immer zur Monatsmitte oder wenn die Mappen voll sind, konsequent abgearbeitet.
- Als Klassenlehrer können Sie die Hängeregistratur dazu verwenden, für jeden Schüler eine einzelne Mappe anzulegen. In den Mappen der Schüler werden Entschuldigungsbriefe, nicht beendete Arbeitsblätter, noch nicht korrigierte Hausaufgaben usw. gesammelt und zu gegebener Zeit erledigt.

Um die Ecke gedacht

Die Hängeregistratur muss nicht nur der eigenen Organisation dienen. Auch im Schulalltag kann sie manches erleichtern:

- Stellen Sie den Schülern zu unterschiedlichen Themen Arbeitsblätter zur Verfügung, die diese je nach Bedarf („Ich bin schon fertig, was soll ich jetzt machen?“) selbstständig entnehmen können. So entlasten Sie sich selbst, differenzieren im Unterricht nach Leistungsvermögen und erziehen Ihre Schüler zu mehr Eigenverantwortung.
- Wenn Sie mit Wochenplänen für Ihre Schüler arbeiten, werden Sie die Hängeregistratur sehr schätzen lernen. Die Schüler legen erledigte Arbeiten selbstständig in ihrer Mappe ab; was noch nicht fertig ist, kommt hochkant in die Mappe. Sofort, mit einem Blick, können Sie sehen, wer noch etwas zu erledigen hat und wer bereits mit allen Aufgaben fertig ist.

Im Laufe der Zeit sammeln sich Arbeitsblätter der unterschiedlichsten Themen und Fächer an: Selbst erstellte Arbeits- und Aufgabenblätter, Materialien von Kollegen oder Internet-Ausdrucke. Alle diese Arbeitsblätter stapeln sich auf dem Schreibtisch zu Hause (Tipp 14). Nur diejenigen, die gerade gebraucht werden, hat man bei sich.

› Tipp 14

Es gibt verschiedene Möglichkeiten, diese Arbeitsblätter zu archivieren (Tipp 17). Hier ein Vorschlag:

› Tipp 17

Alle Arbeitsmaterialien – völlig unsortiert – durchnummerieren und dazu parallel eine Liste am Computer (in einem Text- oder Tabellenprogramm) führen, in der Folgendes eingetragen wird:

- die Nummer;
- das Fach;
- einige Stichwörter zum Inhalt;
- die geeignete Klassenstufe;
- gegebenenfalls der Zeitbedarf o. Ä.

Material durchnummerieren und listen

Gleich mal ausprobieren

Legen Sie folgende Liste an:

Nr.	Fach	Thema/ Stichwörter	Klassen-stufe	Zeit	Bemerkung

Die Arbeitsblätter sammeln Sie durchnummeriert in Ordnern (Ordner I: 001–250, Ordner II: 251–500, usw.). Suchen Sie nun ein bestimmtes Arbeitsblatt, können Sie über eine einfache Suchfunktion Ihres Computerprogramms die entsprechenden Materialien recherchieren.

Die Vorteile dieser Archivierungsmethode liegen auf der Hand:

- Die Arbeitsblätter müssen nicht mühevoll in jeweils eigens dafür vorgesehene Ordner sortiert werden.
- Die Recherche ist relativ einfach.
- Man findet bei der Suche nach Material auch Unterlagen, an die man im ersten Augenblick vielleicht nicht gedacht hätte.

Achtung!

Wer bei seiner Arbeit nicht regelmäßig den Computer einsetzt, wird diese Archivierungs-Methode kaum nutzen können, denn es ist unbedingt notwendig, die elektronische Liste, also das digitale Archiv regelmäßig zu pflegen und zu ergänzen. Wer dies allerdings konsequent durchhält, wird diese Methode schon bald als eine gute Hilfe und Unterstützung bei der Vorbereitung des eigenen Unterrichts zu schätzen wissen.

Arbeitsblätter archivieren II

17

Eine sehr einfache Methode, Materialien zu archivieren, um sie schnell und ohne großen Aufwand griffbereit zu haben, ist die folgende:

- Für jedes Fach, das man unterrichtet, legt man für jede Klassenstufe einen breiten Order an (z. B. Deutsch Klasse 7, Deutsch Klasse 8, Deutsch Klasse 9 usw.).
- In diesem Ordner werden, nach Themen sortiert, die Arbeitsblätter und andere Materialien abgelegt (z. B. Lesetexte, Rechtschreibübungen, Grammatikübungen, Zusatzaufgaben usw.). Die einzelnen Themengebiete können mithilfe von Trennblättern oder Trennstreifen voneinander separiert werden.

Material thematisch sortieren

- Eine allgemeine Liste bietet den Überblick über bereits vorhandene Ordner.

Gleich mal ausprobieren

Welche Themengebiete werden in welcher Klassenstufe behandelt? Füllen Sie die Liste aus.

Stufe:	Fach: ______________________	Bemerkungen:
	– – –	
	– – –	
	– – –	
	– – –	

Achtung!

Wenn Sie erstmals mit dieser Methode Ordnung schaffen möchten, dann sorgen Sie dafür, dass am Ende noch genug Platz für neues Material im Ordner vorhanden ist. Lassen Sie in jedem Aktenordner, den Sie neu anlegen, noch ein Drittel Platz, sonst müssen Sie in kürzester Zeit schon wieder neue Ordner anlegen.

Diese Hürde, sich nach kurzer Zeit bereits wieder mit grundsätzlichen Strukturierungsaufgaben zu beschäftigen, ist für gewöhnlich sehr hoch. Da lässt man das Blatt lieber liegen – und liegt erst einmal ein Blatt auf dem Schreibtisch, kommt schnell noch eines dazu, dann noch eines ... (Tipp 14).

› Tipp 14

Ordnung ins Bücherregal bringen

18

Wenn effektiv gearbeitet werden soll, dann funktioniert das nicht ohne einen gut strukturierten Hintergrund. Will man im Internet etwas finden, gibt man das entsprechende Wort bei Google oder Wikipedia ein, und schon findet man, gut sortiert, diverse Verweise (Tipp 21–23).

› Tipp 21–23

So einfach ist das beim Bücherregal im heimischen Arbeitszimmer meistens nicht. Aber natürlich gilt auch hier: Indem man das Material im Regal strukturiert ordnet, etwa nach Schuljahr oder Unterrichtsfach, erleichtert man sich die Suche nach dem richtigen Buch, nach dem richtigen Aktenordner oder dem passenden Stehsammler und hat im Bedarfsfall das passende Werk sehr schnell zur Hand.

Ordnung spart Zeit und aufwendige Suche

Gleich mal ausprobieren

Legen Sie für Ihr Regal Kategorien fest. Belegen Sie jedes Regalbrett konsequent nur mit einer Kategorie. Für diese Vorgehensweise braucht man natürlich entsprechenden Platz. Misten Sie also zuvor einmal gnadenlos aus (Tipp 19):
Jedes Buch, das Sie in den vergangenen zwei bis drei Jahren nicht gebraucht haben, kommt auf den Dachboden oder in den Keller (in eine gut beschriftete Kiste mit Datum!). Bücher, die Sie drei bis fünf Jahre nicht mehr in der Hand hatten, können Sie eigentlich direkt in die örtliche Stadtbibliothek bringen. Da erfüllen sie vielleicht noch einen guten Zweck.

› Tipp 19

Kategorien für Ihr Bücherregal könnten sein:
1. Schulbücher (Unterrichtsfach 1)
2. Schulbücher (Unterrichtsfach 2)
3. Arbeitsblätter 5.–10. Klasse
5. Arbeitsblätter 11.–12. Klasse
6. Finanzen (Gehaltsabrechnungen, Bank, Versicherung)
usw.

Auf Übersichtlichkeit achten

Bücherregale sollten übersichtlich gestaltet sein. Man muss auf den ersten Blick erkennen, wo man welches Buch oder welchen Aktenordner finden kann.

Der Spaß an der Ordnung im Bücherregal darf dabei nicht zu kurz kommen. Es soll schließlich eine Freude sein, die Schätze des Bücherregals zu nutzen.

Achtung!

Wie auch bei Aktenordnern und Stehsammlern (Tipp 16, 17) sollten Sie beim Einräumen oder Aufräumen eines Regals unbedingt darauf achten, dass jedes Regalbrett maximal zu zwei Dritteln mit Büchern und anderen Materialien gefüllt ist.
So fällt es Ihnen auch später nicht schwer, weiter in Ihrem Arbeitszimmer Ordnung zu halten und alle Dinge zeitnah wegzusortieren.

› Tipp 16, 17

Gründlich ausmisten 19

Einmal im Jahr sollte im Arbeitszimmer, im Klassenzimmer und auch im Lehrerzimmer gründlich ausgemistet werden. Allerdings sollte man sich dabei nicht zu viel vornehmen. Also: Nicht an einem Tag das Klassen- und das Lehrerzimmer aufräumen oder das Arbeitszimmer und den Kleiderschrank.

Stück für Stück aussortieren

Gleich mal ausprobieren

Nehmen Sie sich ein Regalbrett oder eine Schublade oder einfach Ihren Platz im Lehrerzimmer vor: Sortieren Sie Ihre Sachen in drei Kisten ein:
1. Kiste für Schätze: Hier sammeln Sie die Gegenstände, die unbedingt aufbewahrt werden müssen, weil sie für Sie wertvoll sind oder oft benutzt werden.
2. Kiste zum Verschenken: Was ist zu schade zum Wegwerfen und könnte vielleicht noch jemand anderem nützen?
3. Kiste für den Müll: Hier kommen Dinge hinein, die Sie schon sehr lange nicht mehr benutzt haben und die Sie auch wirklich keinem anderen zumuten können.

Aussortiertes weitergeben

Es gibt vier Möglichkeiten, sich guten Gewissens von Dingen zu trennen:

1. **Tauschen**
   Fachbücher, DVDs, CDs und andere Unterrichtsmaterialien kann man mit einem Fachkollegen tauschen. Einmal im Jahr sollte es im Rahmen der Fachkonferenz eine Tauschbörse geben, zu der jeder etwas mitbringt.
2. **Inserieren**
   Durch die Versteigerung über einen Online-Marktplatz (ebay.de usw.) oder den Verkauf über ein Inserat, z. B. in einer Fachzeitschrift, hat man Kapital und Platz für Neuanschaffungen.
3. **Spenden**
   Das alte Regal oder Sofa in der Leseecke des Klassenzimmers findet bestimmt noch einen dankbaren Abnehmer, dem man es spenden kann. Bibliotheken freuen sich über ausrangierte Bücher.
4. **In den Müll**
   Die letzte Lösung: wegwerfen. Oder noch besser: recyceln. Schulbuchkataloge muss man nicht länger als ein Jahr aufheben, dann erscheinen neue. Ebenso können Fachbücher mit veralteten Informationen und alte Schulunterlagen (noch aus dem eigenen Studium) getrost entsorgt werden.
   Für Altpapier erzielt man im Moment zwar keine Rekordpreise, trotzdem gibt es die Papierbank und ähnliche Unternehmen, die Altpapier annehmen und einem einen kleinen Betrag dafür bezahlen.

SOS-Tipp

Trennen Sie sich jedes Mal, wenn Sie sich ein neues Buch, einen neuen Kugelschreiber oder auch ein neues Kleid kaufen, dafür von einem alten Buch, Kleid oder Bleistift. Für jede Neuanschaffung brauchen Sie Platz!

Schultasche sorgfältig packen

20

Nichts ist unangenehmer, als im Unterricht, beobachtet von 25 Augenpaaren, unentwegt Dinge in der eigenen Schultasche zu suchen. Packen Sie Ihre Tasche daher regelmäßig schon am Abend vor dem nächsten Schultag. Schließlich wird das Gleiche auch von den Schülern erwartet.

Tasche am Vorabend packen

Die Schultasche oder der Schulrucksack sollte immer einige überlebensnotwendige Dinge enthalten. Hier eine Auswahl:

Was wird gebraucht?

- Zensurenbuch, Namensliste und Kalender: Manche Lehrer müssen nur ihr Zensurenbuch in einer bestimmten Situation aus der Tasche ziehen und aufschlagen, und prompt kehrt in der Klasse Ruhe ein (Tipp 43).
- Kreide in mehreren Farben und ggf. Boardmarker oder Moderationsmarker (für weiße Flächen oder Moderationswände): Zumindest Kreide sollten Sie immer für den Notfall dabei haben, am besten in einer fest verschließbaren Dose.
- Folienstifte (abwischbar und wasserfest): am besten in verschiedenen Farben; daneben sind auch Blanko-Folien hilfreich.
- Schere, Klebstoff, Tesafilm, Korrekturflüssigkeit, Reißzwecken und Kreppband: zum Erstellen und Vorbereiten von Kopien sowie zum Befestigen von Materialien an Wänden im Klassenraum.
- leere Prospekthüllen: zum Verwahren und Organisieren von Kopiervorlagen und sonstigen Materialien.
- Magnete in verschiedenen Farben: zum Befestigen von Materialen an der Tafel oder auch auf der Moderationswand.
- Locher und Tacker: Schüler beschweren sich sehr gerne, wenn Blätter nicht gelocht sind, deshalb gleich nach dem Kopieren lochen, notfalls mit dem Mini-Notlocher im Klassenraum. Lose Blätter (z. B. bei Klassenarbeiten) können mit dem Tacker zusammengeheftet werden, das spart später Sortier-Zeit.

› Tipp 43

- Küchenwecker: hilfreich für Stillarbeitsphasen oder Gruppenarbeiten, um das Ende zu markieren (Tipp 44, 47).

› Tipp 44, 47

- Würfel und Skat-Kartenspiel: Hiermit lassen sich wunderbar Gruppen nach dem Zufallsprinzip einteilen (z. B. alle, die eine Sechs gewürfelt haben bzw. Herzen gezogen haben …).
- Taschentücher, Pflaster, Kopfschmerztabletten (diese nur für den Eigenbedarf) und Pfefferminzbonbons.

Achtung!

Diese Liste ist natürlich sehr lang. Würde man alle aufgeführten Dinge bei sich führen, müsste man wahrscheinlich einen 20-Kilo-Rucksack mit sich herumtragen. Entscheiden Sie daher selbst, was Sie davon wirklich brauchen und was nicht.

21 Gezielt im Internet recherchieren

Wer immer auf die Idee kam, das Wort „surfen" mit dem Internet in Verbindung zu bringen, hatte wohl seherische Fähigkeiten. Kaum eine andere Informationsquelle lädt so dazu ein, abzudriften und nicht mehr zurückzukommen: Man googelt einen bestimmten Begriff im Internet, klickt auf den ersten gefundenen Link und dann einfach weiter, je nach Interesse. Man klickt nach Lust und Laune und vergisst am Ende, was man eigentlich ursprünglich recherchieren wollte.

Überlegt recherchieren

Mit etwas Disziplin und einigen Tricks kann man aber auch gezielt auf die Suche gehen:

- Öfter mal den Finger von der Maus nehmen, um die rechte Maushand zu entspannen.
- Zuerst den ganzen Absatz lesen und erst dann entscheiden, ob man einen Link wirklich anklicken will.

- Wurde ein Link angeklickt, nicht gleich den nächsten anklicken, sondern erst einmal überlegen, ob man nicht besser zurückgeht.
- Immer prüfen, wohin einen der neue Link tatsächlich geführt hat (Tipp 22, 23).
- Eine interessante Seite stets abspeichern, sonst findet man sie vielleicht nie wieder.

› Tipp 22, 23

Achtung!

„Extreme Wildclicking" ist zwar eine beliebte Internetsportart, sollte aber unbedingt vermieden werden! Ganz unbemerkt führt das schnelle und unkontrollierte Klicken auf Seiten, die für das Gesuchte gar nicht relevant sind. Also erst überlegen, dann anklicken!

Um die Ecke gedacht

Natürlich kann man das unkontrollierte „Durchs-Netz-Klicken" auch als Bereicherung und Inspirationsquelle nutzen. Aber dann bewusst und konsequent. Wichtig ist, dass man sich klar ist, was man will. Sie surfen durchs Netz – das Netz sollte nicht mit Ihnen surfen!

22 Webinhalte kritisch hinterfragen

Was ist eigentlich ein Musik-Master? Kein Problem, schnell mal im Internet nachsehen: Ein Verkaufsterminal im Warenhaus oder doch ein Studiengang, der auf den Bachelor aufbaut, oder vielleicht eine Vorstufe zum Herstellen von Audio-CDs?

Immer noch setzt man eines voraus: Was man schwarz auf weiß irgendwo liest, muss auch stimmen. Dass das schon früher nicht so war und im Zeitalter des Internets absolut nicht mehr stimmt, diese Tatsache wird oft vernachlässigt. Stattdessen sieht man schnell etwas nach und verlässt sich auf das „gedruckte" Wort – im Internet (Tipp 23).

› Tipp 23

Doch während früher noch Redakteure und Fachleute an Veröffentlichungen jedweder Art arbeiteten, ist heute theoretisch jedermann in der Lage, Sinn und Unsinn im Internet zu veröffentlichen. Blitzschnell gehen Webseiten online, werden Artikel über sogenannte Content-Management-Systeme (CMS) direkt eingestellt – da bleibt keine Zeit für Korrekturen oder inhaltliche Kontrolle.

Fehlende Kontrolle im Netz

Um die Ecke gedacht

„Prämiere" schreibt man nicht mit „ä", auch wenn Sie dazu fast 17 000 Einträge im Internet finden!
Das zeigt: Internetinhalte werden kaum kontrolliert!

Internetinhalte überprüfen

Deshalb gilt im Internet mehr denn je:

- Stets die Quelle prüfen: Wer hat geschrieben und mit welchem Interesse?
- Datum der Veröffentlichung beachten, sofern eines vorhanden ist: Oft finden sich ältere Artikel bei den Suchmaschinen ganz oben.
- Zur Verifizierung nach weiteren Quellen gleichen Inhalts suchen.
- Auch bei bekannten Quellen, wie Magazinen und Zeitungen, ist Skepsis angebracht: Unter Umständen wurde auch hier schneller veröffentlicht als nachgedacht oder recherchiert.

Achtung!

Generell gilt für das Internet:
Vorsicht, es könnte falsch sein!
Vorsicht, es könnte fingiert sein!
Vorsicht, es könnte manipuliert sein!
Vorsicht, es könnte veraltet sein!
Vorsicht, es könnte richtig sein!

Gleich mal ausprobieren

Suchen Sie im Internet nach einem bestimmten Begriff, z.B. Integration. Klicken Sie auf den ersten gefundenen Link usw. (Tipp 21). Denken Sie immer daran: Nur weil man etwas schwarz auf weiß liest, muss es noch lange nicht richtig sein. Das kann helfen, peinliche Fehler zu verhindern. Schalten Sie den eigenen Kopf ein – hinterfragen Sie alles, was Ihnen im Netz angeboten wird.
Im Zweifelsfall können Sie auch mal einen Kollegen fragen – der weiß doch, dass man „Premiere" mit „e" schreibt.

› Tipp 21

Wikipedia-Einträge kritisch hinterfragen

23

Eines ist sicher: Zum Pressen von Herbstblättern und Glätten von Dokumenten nach Wasserpannen braucht man nach wie vor den Brockhaus. Für alles andere aber wird heute Wikipedia herangezogen – zumindest wenn es ums Wissen geht. Doch Vorsicht: Der Wissensfundus auf Wikipedia.de hat einen ganz anderen Ursprung und eine andere Entstehungsgeschichte als die Lexika-Inhalte von Brockhaus oder Meyers.
Daher ist es wichtig, darüber aufzuklären. Auch unter Lehrern, denn die wenigsten wissen, wie Wikipedia entsteht bzw. woher und von wem die Plattform ihre Inhalte bezieht.

Wikipedia: moderner Wissensfundus

Um die Ecke gedacht

Wiki ist Hawaiisch und bedeutet „schnell". Pedia ist dem englischen Wort Encyclopedia entliehen.
Wikipedia.de wird seit 2001 betrieben und war die erste Online-Enzyklopädie. An ihr arbeiten knapp 300 000 freie und unbezahlte, professionelle und Freizeit-Redakteure nahezu unkontrolliert. Auf Wikipedia kann man nicht nur schnell etwas nachschauen, schnell wurden auch viele der abrufbaren Artikel erstellt – und sind damit unvollständig oder aber auch sachlich falsch.

Häufig kennen Schüler heute keinen Brockhaus mehr – Wikipedia dagegen ist bekannt, wird genutzt, zugrunde gelegt, zitiert und als Wissensfundus für fast jedes Referat usw. genutzt. Dabei weiß keiner wirklich, ob die zitierten Inhalte richtig oder falsch sind, von wem sie geschrieben wurden und welchen Sachverstand der Autor wirklich hatte (Tipp 22). Das bedenken die Schüler aber oft nicht. Für sie ist Wikipedia der neue Brockhaus – was dort steht, stimmt – häufig ein Trugschluss.

› Tipp 22

Wikipedia kann Lexikon nicht ersetzen

Wikipedia ist kein Lexikon-Ersatz – eher eine schnelle Möglichkeit, Informationen zu finden, die aber dann noch verifiziert werden müssen! Am besten durch ein Lexikon, das von erfahrenen Autoren nach eingehender Recherche verfasst wurde und dessen Inhalte von Fachleuten nochmals überprüft worden sind.

Gleich mal ausprobieren

Schreiben Sie selbst einen Artikel über eine Phantasiefigur auf Wikipedia. Sie werden sehen, das geht ganz einfach. Stellen Sie Ihren Schülern nun ein Referatsthema, in dem die von Ihnen erfundene Person auftaucht. Nach dem Referat decken Sie die Sache auf – einen besseren Lerneffekt gibt es wohl nicht!

Achtung!

Neben Wissenswertem und Seriösem finden sich im Internet Unmengen von verbalem und visuellem Müll – es sollte deshalb nicht als Standardwerk für unsere Bildung herangezogen werden.

Daten im Computer sichern

24

Jeder weiß es und doch wird es so oft ignoriert: Das „Sichern" der Arbeiten am Computer ist unverzichtbar. Jedem ist klar: „Ich muss sichern", denn jeder hat schon Daten verloren und alles noch einmal neu geschrieben, und trotzdem passiert es immer wieder: Nicht gesichert, der Computer stürzt ab, die Daten sind weg, das Drama ist groß.

Klar ist, dass man seine aktuellen Dokumente spätestens am Ende der Arbeit sichern sollte. Aber das allein reicht nicht. Was ist, wenn der Datensatz plötzlich fehlerhaft ist, wenn die Festplatte ihren Geist aufgibt? Oder was ist, wenn das Betriebssystem sich verabschiedet und man dringend auf das eine Dokument zugreifen muss?

Sicherungskonzept

Am besten gliedert man sein Sicherungskonzept in verschiedene Bereiche:

1. **Automatische Datensicherung**
   Alle fünf bis zehn Minuten sichern. Diese Einstellung kann man direkt am Computer vornehmen, dann wird das Dokument automatisch in kürzeren Zeitabständen gesichert.
2. **Sicherung des Dokuments**
   Fertiggestellte Dokumente sollte man zusätzlich in einen Extra-Ordner kopieren. Hierauf kann man dann zurückgreifen, wenn das Original eine Fehlermeldung hervorruft, aus Versehen im Papierkorb gelandet ist oder einfach verschwunden scheint.
3. **Sicherung des Datenbestands**
   Alle ein bis zwei Wochen sollte man seinen gesamten Ordner mit Dokumenten außerhalb des Computers sichern. Dazu kann man entweder CDs oder DVDs erstellen, oder man sichert noch mal auf eine externe Festplatte. Massenspeicher kosten heute nicht mehr allzu viel – die eigene Arbeitszeit ist viel kostbarer.
4. **Sicherung der kompletten Festplatte**
   Oft sind es nicht nur die eigenen Dokumente, sondern

fremde, die man sich z. B. aus dem Internet kopiert hat, die einem nach dem Crash plötzlich fehlen (Tipp 21). Hier schafft eine komplette Festplattensicherung Abhilfe. Alle drei bis sechs Monate sollte man sich diese Mühe machen. Sonst ist der Datengau spätestens dann komplett, wenn man den Computer samt System neu installieren muss.

› Tipp 21

SOS-Tipp

Ein wiederkehrender Eintrag im Kalender zur regelmäßigen Speicherung dient als Erinnerungshilfe!

Gleich mal ausprobieren

Sichern Sie Ihre Daten in regelmäßigen Abständen. Das klingt vielleicht sehr zeitaufwendig, ist es aber nicht, wenn man sich erst einmal daran gewöhnt hat.
Datensicherheit verschafft einem nicht nur ein sanftes Ruhekissen, sondern erspart einem unter Umständen manche Nachtarbeit oder Überstunde. Wer möchte schon gerne noch einmal von vorn anfangen?!

25 Sich dem Ideal eines Lehrers annähern

Man hört es immer wieder: das ideale Werkzeug, die ideale Musik, der ideale Beitrag – alles soll maximiert, optimiert und idealisiert werden.
Wird also auch nach dem idealen Lehrer gesucht? Sicher! Die Eltern, die Schüler und die Kollegen suchen ihn genauso wie der Direktor. Und wer hat ihn schon gefunden? Niemand – es gibt ihn nicht!

Ideal-Lehrer gibt es nicht!

Achtung!

Suchen Sie nicht weiter nach dem idealen Unterrichtsstil, dem idealen pädagogischen Konzept, dem idealen Vortrag und der idealen Erfüllung des Lehrplans. Sie werden nicht fündig. Auch nicht, wenn andere das immer wieder behaupten: Den idealen Lehrer gibt es nicht! Nahezu jede noch so positive Eigenschaft zieht automatisch etwas nach sich, dass sich im Unterricht durchaus auch negativ auswirken kann.

Sich auf das konzentrieren, was man gut kann

Um dem Ideal nahe zu kommen, lohnt es sich, sich auf die Dinge zu konzentrieren, die man wirklich gut kann – wo andere vielleicht sagen würden: „Wie du das immer löst – wirklich ideal!" Das gibt es, denn jeder hat Fähigkeiten und Kenntnisse, die er wirklich ideal anwenden, umsetzen, einbringen oder lehren kann.

Realistische Einschätzung

Das soll nicht heißen, dass man nichts dazulernen kann oder dass man keine Herausforderungen annehmen soll. Wichtig ist die realistische Einschätzung – sie hilft, Frustration zu verhindern (Tipp 62), und sorgt damit gleichzeitig für mehr Zufriedenheit (Tipp 51).

› Tipp 62
› Tipp 51

Gleich mal ausprobieren

Nehmen Sie Ihre Fähigkeiten und Begabungen ernst und pflegen Sie diese, so werden Sie noch besser – idealer. Das, was Sie nicht so gut können, lässt sich vielleicht üben. Dinge, die Ihnen gar nicht liegen, delegieren Sie einfach (Tipp 59). Es gibt sicher andere Lehrkräfte, die sie perfekt beherrschen.

› Tipp 59

SOS-Tipp

Sie sind eher geneigt, dem Ideal hinterherzurennen, und haben den Eindruck, alle anderen sind viel besser als Sie? Dann nehmen Sie ein DIN-A4-Blatt und schreiben Sie groß darauf: *Den idealen Lehrer gibt es nicht!*
Hängen Sie das Blatt in Augenhöhe über Ihrem Schreibtisch auf – zwei Wochen reichen vielleicht schon ...

Die ALPEN-Methode

26

Struktur und Effektivität

Die ALPEN-Methode kommt aus dem Zeitmanagement, ist sehr leicht umsetzbar und eignet sich daher für Lehrer und Schüler gleichermaßen.
Sie hilft Lehrkräften und Schülern, den Tag zu strukturieren und Aufgaben, die vor einem liegen wie ein großer Berg, planvoll und effektiv anzugehen.

Die ALPEN-Methode

Aufgaben, Termine, Aktivitäten notieren

Alle an einem Tag zu erledigenden Dinge werden völlig unsortiert auf eine To-do-Liste geschrieben. Natürlich auch die Dinge, die am Vortag nicht erledigt werden konnten.

Längen abschätzen

Jede einzelne Aufgabe, jeder Termin und jede geplante Aktivität wird mit einer voraussichtlichen Dauer versehen. Dieses Abschätzen gelingt immer besser, je mehr man mit dieser Methode arbeitet. In einer realistischen Zeitplanung sind die Zeiträume eher großzügig als zu knapp berechnet. Außerdem gehört ein Zeitlimit dazu. Das heißt: Wenn man plant, den Klassensatz Tests in der Zeit von 17 Uhr bis 18 Uhr zu korrigieren, dann sollte man sich auch daran halten und versuchen, wirklich bis 18 Uhr fertig zu sein (Tipp 33, 47).

› Tipp 33, 47

Achtung!

Planen Sie nicht zu eng! Wenn Sie für eine Aufgabe 90 Minuten einplanen, diese dann aber in 35 Minuten schaffen, dann haben Sie ein wesentlich besseres Gefühl, als wenn Sie für eine Aufgabe, die Sie mit acht Minuten veranschlagen, schließlich 35 Minuten brauchen. Stimmt's?

Pufferzeiten für Unvorhergesehenes einplanen

Als Lehrkraft weiß man nur allzu gut: Es kommt immer irgendetwas dazwischen – ein Anliegen eines Schülers, des Schulleiters oder besorgter Eltern. Aus diesem Grund sollten immer ausreichend Pufferzeiten eingeplant werden, in denen Unvorhergesehenes erledigt werden kann. Und kommt tatsächlich einmal nichts dazwischen, dann kann man sich über die gewonnene Zeit freuen.

Achtung!

In der Regel geht man davon aus, dass nur 60 Prozent der zur Verfügung stehenden Zeit verplant werden und 40 Prozent als Puffer dienen sollten. Auch Pausen müssen eingeplant werden (Tipp 49).

› Tipp 49

Entscheidungen treffen

Hat man die To-do-Liste geschrieben und sich einen Überblick über die zur Verfügung stehende Zeit verschafft, gilt es, Prioritäten zu setzen und das eigene Tagespensum festzulegen. Welche Aufgaben sind wirklich wichtig (Tipp 39)? Welche kann man delegieren (Tipp 59, 60)? Was kann verschoben oder ganz gestrichen werden?

› Tipp 39
› Tipp 59, 60

Nachkontrolle

Am Ende des Tages steht die Nachkontrolle. Es wird überprüft, ob einerseits alle geplanten Aufgaben wirklich erledigt wurden und ob sich andererseits die Planung insgesamt als tragfähig erwiesen hat. Alle nicht erledigten Aufgaben fließen in die Tagesplanung des nächsten Tages ein.

SOS-Tipp

Da, wo sich eine Planung als unrealistisch erwiesen hat, müssen Konsequenzen gezogen werden: z.B. kann die Zeitplanung angepasst oder das Aufgabenvolumen reduziert werden.

Gleich mal ausprobieren

› Tipp 27

Wagen Sie den Einstieg in die ALPEN-Methode: Schreiben Sie heute alle Aufgaben auf, die Sie morgen erledigen müssen (Tipp 27). Teilen Sie jeder Aufgabe einen Zeitbedarf zu und verteilen Sie die Aufgaben über den morgigen Tag. Denken Sie an die Pufferzeiten. Und das, was nicht mehr hineinpasst, muss aufgeschoben oder sogar gestrichen werden.

27 Ohne Stress in den nächsten Tag starten

Schon morgens gleich nach dem Wachwerden Stress? Sie überlegen, an was Sie alles denken müssen. Hoffentlich nichts vergessen!

› Tipp 89

› Tipp 20

Um einen Tag erfolgreich durchstehen zu können, darf er nicht schon mit negativen Gedanken und Belastungen beginnen (Tipp 89). Deshalb am besten alles Unnötige auf den Abend davor verlagern: Genau wie Ihre Schüler, denen Sie empfehlen, bereits am Vorabend schon ihre Schultasche zu packen, sollten auch Sie Ihre Tasche am Vorabend bereitstellen (Tipp 20). Aber kümmern Sie sich nicht nur um Ihre reale Arbeitstasche, füllen Sie auch Ihre „virtuelle“ mit den Dingen, an die Sie denken müssen.

Ganz real wird auch Ihre „virtuelle" Arbeitstasche, wenn Sie sich für besonders belastende Tage am Vorabend einen richtigen Arbeitsplan entwerfen. Ohne großen Aufwand und strengen Formalismus. Legen Sie sich einfach eine kleine Liste an, die Sie sich kopieren und auf Ihrem Schreibtisch bzw. in Ihrem Kalender oder Notenbuch bereitlegen.

Arbeitsplan am Vortag entwerfen

Gleich mal ausprobieren

Sie haben das Gefühl, der nächste Tag wird nur schwer zu bewältigen sein? Dann planen Sie ihn vor, z.B. mit nachfolgendem Formular. Wählen Sie einen guten Spruch oder ein Zitat als Motto für den kommenden Tag.

Meine Tagesplanung für den		
Mein Motto:		
Daran muss ich heute besonders denken:		
Stunde	Klasse, Fach, Thema	Material, Notizen
Das muss in der Schule noch erledigt werden:		
Das muss ich nach der Schule, unterwegs und zu Hause erledigen:		
Weitere Termine heute:		

Legen Sie Ihre Tagesplanung in Ihren Kalender oder in Ihr Notenbuch und werfen Sie während des Tages regelmäßig einen Blick darauf. So haben Sie stets einen guten Überblick über die noch zu erledigenden Aufgaben und brauchen nicht zu befürchten, irgendetwas zu vergessen.

Achtung!

Handeln Sie niemals nur stur nach Plan. Manche Situationen erfordern Flexibilität. Seien Sie also auch mal spontan und werfen Sie alle Ihre Pläne über Bord, wenn nötig!

In Zyklen übersichtlich planen

28

› Tipp 29

Sicher, Schuljahresplanungen (Tipp 29) sind nötig und man kommt nicht darum herum. Wenn aber das Gefühl entsteht, man verlöre den Überblick über ein Schuljahr oder ein Halbjahr, dann sollte man sich kleinere Einheiten schaffen, z. B. von Ferien zu Ferien. Oder man richtet sich Planungszyklen ein, die völlig unabhängig vom schulischen Rhythmus sind, wie z. B. Monatsplanungen. Die Monatsübersicht verschafft einen Überblick auf einen überschaubaren Zeitraum. So wird das Jahr in kleinere Einheiten unterteilt, die man leichter in den Griff bekommt.

Kleine Einheiten schaffen guten Überblick

Um die Ecke gedacht

Wenn Sie Ihre Monatsübersichten sammeln, fällt Ihnen im nächsten und übernächsten Jahr die Unterrichtsvorbereitung schon viel leichter.

Wenn es konkreter werden soll und es um die praktische Bewältigung des Schulalltags geht, muss man nicht mehr unbedingt das große Ganze im Blick haben. Vielmehr geht es darum, mithilfe überschaubarer Einheiten sinnvoll zu planen.

Gleich mal ausprobieren

Legen Sie für jede Klasse eine Monatsplanung an, die Sie einerseits für Ihre eigene Arbeit verwenden und die andererseits eine Orientierung für Schüler und Eltern ist. Hängen Sie sie einfach im Klassenraum aus.

In dieser Monatsplanung müssen Sie nicht jede Unterrichtsstunde mit Datum und Uhrzeit versehen. Zählen Sie einfach zu Beginn des Monats oder zum Ende des Vormonats die zu erwartenden Stunden durch und legen Sie sich dann eine einfache Liste nach diesem Schema an:

Fach:	Biologie
Monat:	Februar
1.–3. Stunde:	Einführung Zellteilung
4.–6. Stunde:	Experimente
7.–10. Stunde:	Erarbeitung der Fachbegriffe
11.–12. Stunde:	Mikroskopieren
13.–14. Stunde:	Wiederholung
15. Stunde:	Test
16. Stunde:	Rückgabe und Besprechung

Achtung!

Übertreiben Sie den Formalismus nicht! Aber natürlich können Sie aus der einfachen Liste auch eine Tabelle machen, in der Sie die Stunden mit genauen Daten und Uhrzeiten, mit benötigtem Material und Medien sowie mit einem kurzen Unterrichtsziel erfassen.

29 Jahresüberblick anlegen

Das Schuljahr umfasst etwa vierzig Unterrichtswochen. In Schuljahresplanungen sehen manche nur ein notwendiges Übel. In einigen Bundesländern ist es aber sogar Pflicht, einen Stoffverteilungsplan zu erstellen. In anderen Ländern haben schulinterne Rahmenpläne (Fachpläne) inzwischen die Stoffverteilungspläne ersetzt oder verdrängt.

Jahresüberblick als Arbeitsgrundlage

Der Jahresüberblick ist kürzer als ein Stoffverteilungsplan und verschafft eben nur einen *Überblick* – nicht mehr, aber auch nicht weniger. Denn ein gewissenhaft angelegter und das Jahr über gut gepflegter Jahresüberblick (inklusive Veränderungen und revidierten Fehlplanungen) bietet bereits im zweiten Jahr eine gute Arbeitsgrundlage, um neue Jahresüberblicke einfacher, schneller und besser zu erstellen.

Gleich mal ausprobieren

Legen Sie sich für jedes Fach in jeder Klasse einen Jahresüberblick an. Das bedeutet zwar am Anfang des Schuljahres ein bisschen mehr Arbeit, dafür können Sie dem Rest des Schuljahres entspannt entgegensehen.

Klasse, Fach:			
1	11	21	31
2	12	22	32
3	13	23	33
4	14	24	34
5	15	25	35
6	16	26	36
7	17	27	37
8	18	28	38
9	19	29	39
10	20	30	40

Markieren Sie, in welchen Wochen welche Themen anstehen; mit dicken roten Strichen können Sie einzeichnen, zwischen welchen Wochen die Ferien liegen.
Klassenarbeiten können hier ebenso eingetragen werden wie Zeiten, in denen die Klasse auf Klassenfahrt oder in einem Praktikum ist.

Nichts vergessen! 30

Man kennt es vom Computer: Wenn die Festplatte voll ist, wird das Gerät immer langsamer. Irgendwann geht gar nichts mehr, kein Platz mehr auf dem „Massenspeicher".
Was beim Computer kein großes Problem darstellt – man kann schließlich die Festplatte einfach austauschen – erweist sich in Bezug auf den menschlichen Wissensspeicher, das Gehirn oder vielmehr das Gedächtnis, als etwas komplizierter.

Hirnkapazität

Jeder kennt wohl das Gefühl, dass ein Gedanke den anderen jagt und einem in der Folge die Worte „das darf ich nicht vergessen" immer öfter durch das Hirn rauschen. Aber scheinbar kann man sich nichts mehr merken. Ist die Hirnkapazität überschritten?

Gedächtnisstütze

Keinesfalls! Glücklicherweise ist das menschliche Gehirn sehr leistungsfähig und in der Lage, sich mehr zu merken, als man vermuten würde. Es gibt Schätzungen, wonach das menschliche Gehirn eine Speicherkapazität von etwa 1,5 Millionen Gigabyte hat, was einer Festplattenkapazität von 3000 handelsüblichen Computern entspricht. Dennoch hakt es manchmal für einen Moment, und dann braucht es Unterstützung, z. B. in Form einer Liste, auf der man seine Geistesblitze schriftlich festhält (Tipp 7).

› Tipp 7

Um die Ecke gedacht

Alles was auf dieser Liste steht, muss Ihr Gehirn in dem Moment nicht mehr mühsam speichern. Man könnte es mit dem Datenlöschen am PC vergleichen: Plötzlich ist wieder Platz im Kopf für die wichtigen Dinge und es kehrt wieder etwas Ruhe ein. Die Gefahr, dass man etwas vergisst, ist schließlich gebannt!
Wenn Ihnen wieder ein wichtiger Gedanke durch den Kopf geht, ergänzen Sie ihn einfach auf der Liste. Ein sehr beruhigendes Gefühl, wenn nichts mehr verloren gehen kann!

Gleich mal ausprobieren

Setzen Sie sich spontan hin, nehmen Sie sich einen Moment Zeit und schreiben Sie auf, was Sie für die nächste Schulwoche noch alles bedenken, erledigen, organisieren müssen. Schreiben Sie eine lange Liste, strukturieren Sie, was Sie gleich, später oder nur vielleicht erledigen müssen (Tipp 27, 28), und lassen Sie die Liste dann auf Ihrem Schreibtisch liegen, um sie jederzeit ergänzen zu können.

› Tipp 27, 28

31 Sich für Unterrichtsthemen entscheiden

Eine gute Unterrichtstunde sollte es schon werden – aber fängt man erst einmal an, intensiv nachzudenken, sprudeln die Ideen oft viel zu zahlreich. Dann geht es los: „Ich könnte es *so* machen – das ist gut, aber *das* wäre auch nicht schlecht ..." Und je länger man nachdenkt, desto mehr gute Ideen kommen einem in den Sinn. Nur wirklich entscheiden kann man sich für keine!

Zu viele Ideen

SOS-Tipp

Lösen Sie sich vom Gedanken der Vollständigkeit – eine Unterrichtsstunde hat nur 45 Minuten. Viele Wege führen zum Ziel, Sie können sowieso nicht alle beschreiten. Fällen Sie stattdessen notwendige Entscheidungen, sonst gehen Sie am Ende in mehrere Richtungen, ohne je wirklich Ihr Ziel zu erreichen (Tipp 39, 40).

› Tipp 39, 40

In einer Schulstunde ist die Zeit begrenzt. Aber wie geht man damit um?
- Man verwendet zwei oder drei Stunden für das Thema?
- Man lässt die Hälfte weg und nimmt die Unvollständigkeit des Themas in Kauf?
- Man wählt ein alternatives Thema, zu dem einem weniger einfällt?

Das können nur Notlösungen sein!

Gefragt sind Entscheidungen, die mit ein wenig Abstand (Tipp 77) getroffen werden sollten:

- Was ist wichtig?
- Was ist interessant?
- Was ist für die Schüler und Schülerinnen spannend?
- Was fordert der Lehrplan?
- Was ist das Lernziel?

Entscheidende Fragen

› Tipp 77

Achtung!

Nur wer Entscheidungen trifft, kann auch zielstrebig seinen Weg verfolgen (Tipp 6). Mit „Vielleicht wäre auch das eine Möglichkeit ...“ kommen Sie nur selten ans Ziel!

› Tipp 6

Gleich mal ausprobieren

Sammeln Sie Ihre Optionen und Ideen für die vorzubereitende Stunde und streichen Sie sogleich diejenigen, die Ihren Fragen nicht standhalten. Dann schlafen Sie eine Nacht darüber.

Am nächsten Tag haben Sie den nötigen Abstand, widmen sich erneut, aber frisch der Vorbereitung und sind viel leichter in der Lage, die richtigen Dinge für Ihre Stunde herauszufiltern.

KREATIVE IDEEN ENTWICKELN

32

Nichts ist schlimmer, als keine Idee zu haben. Besonders, wenn es um die Vorbereitung einer Stunde geht. Sicher können Sie auch das Skript vom letzten oder vorletzten Jahr nehmen, aber eigentlich ist Ihnen auch selbst daran gelegen, mal etwas Neues, etwas Aktuelles und Pfiffiges zu machen.

Kreativität steckt mit Sicherheit auch in Ihnen, sie muss nur irgendwie hervorgelockt werden. Dafür gibt es unterschiedliche Methoden und Möglichkeiten. Eine ist die der Fragestellung. Schon in der Formulierung einer Frage steckt kreatives Potential und in der Antwort noch viel mehr.

Fragen mit kreativem Potential

Folgende Fragen können bei der kreativen Unterrichtsvorbereitung helfen:

- Was ist das Thema der Stunde?
- Wie alt sind die Schüler?
- Was ist bei den Schülern gerade besonders angesagt?
- Welche Medien wurden bisher selten oder noch nie eingesetzt?
- Gibt es einen aktuellen Bezug zum Thema?
- Was für Assoziationen zum Thema kommen infrage?
- Wie könnte man das Kernthema visuell darstellen?
- Gibt es eine Geschichte zum Thema, einen Film, ein Buch?
- Welche didaktischen Mittel aus ganz anderen Fächern könnten hier passen (Musik, malen …)?
- Was würde man machen, wenn es keine Rahmenrichtlinien gäbe?
- Was ist völlig absurd und unpassend?
- Was haben andere zum Thema gemacht (Internet …) (Tipp 56)?
- Wen könnte man zum Thema befragen (Tipp 52)?

› Tipp 56
› Tipp 52

Auseinandersetzung mit dem Thema

Bei der Beantwortung der Fragen passiert eigentlich nur das eine: Sie beschäftigen sich mit dem Thema, ohne die konkrete Vorbereitung im Kopf zu haben – und das hilft, gute Ideen freizusetzen.

Gleich mal ausprobieren

Ihr Thema der nächsten Stunde lautet: ...
Gehen Sie jetzt den vorgestellten Fragenkatalog Stück für Stück durch und versuchen Sie, sich so dem Thema anzunähern. Schreiben Sie alles auf und sehen Sie sich dann Ihre Antworten genauer an. Könnte sich daraus eine interessante Stunde ergeben?

Um die Ecke gedacht

In klassischen Briefinggesprächen in Werbeagenturen werden sehr viele Fragen gestellt – die Antworten sind der Pool für die kreativen Ansätze.

33 Korrekturen nicht aufschieben

Diese Situation kennt jeder Lehrer: Es wurde eine Klassenarbeit oder eine Leistungskontrolle geschrieben, und nun liegt der dicke Stapel mit Arbeiten auf dem Schreibtisch. Inständig hofft man, der Stapel würde sagen: „Du musst nicht heute anfangen, morgen ist auch noch früh genug."
Sicher kann der Stapel mal einen, zwei oder drei Tage liegen bleiben. Die Arbeit wird dadurch garantiert nicht mehr, allerdings wird sie auch nicht weniger. Irgendwann muss die Aufgabe erledigt werden (Tipp 84).

Aufgeschoben ist nicht aufgehoben!

› Tipp 84

Achtung!

Wenn Sie die Korrektur aufschieben, so belastet Sie die unerledigte Aufgabe gewiss in dieser Zeit. Sie sind gedanklich immer wieder bei dem Stapel, und trotzdem erledigt sich die Aufgabe dadurch natürlich nicht.
Deswegen: Schieben Sie die Stapel mit Korrekturen nicht endlos vor sich her! Setzen Sie sich am besten eine Frist, bis wann Sie mit der Durchsicht begonnen haben wollen, und belohnen Sie sich nach getaner Arbeit.

Korrekturplan einhalten

› Tipp 65

Damit eine Aufgabe nicht wie ein großer Berg vor einem liegt, dessen Gipfel unerreichbar scheint, lohnt es sich, die großen Stapel in kleinere Einheiten zu unterteilen (Tipp 65). Auf einmal scheint die Korrektur überhaupt kein Problem mehr darzustellen. Im Gegenteil, man macht sich motiviert an die Arbeit.
Man sollte jedoch wirklich immer nur so viel korrigieren, wie man sich vorgenommen hat, sonst stellt sich schnell wieder Frust ein.

Gleich mal ausprobieren

› Tipp 31, 32

Gönnen Sie sich nach dem Schreiben der Arbeit ruhig einen oder zwei Tage Pause, danach legen Sie los: Als Erstes teilen Sie den Stapel mit den 28 Klassenarbeiten in mehrere kleine Haufen. Überlegen Sie, wie viele Arbeiten Sie an einem Tag korrigieren können, um trotzdem noch genug Zeit für andere Aufgaben (Unterrichtsvorbereitung (Tipp 31, 32), Hobbys, Treffen mit Kollegen oder Freunden) zu haben. So werden aus einem demotivierenden dicken Stapel plötzlich fünf oder sechs kleine und jeder einzelne ist gut zu bewältigen. Die letzten Stapel sollten Sie etwas kleiner machen, das wirkt sich besonders motivierend aus.
Machen Sie sich einen festen Plan und schreiben Sie sich auf, an welchem Tag (genaues Datum, ggf. Uhrzeit!) Sie die einzelnen Haufen korrigieren möchten.
Am besten verwenden Sie gelbe Klebezettel, um auf den Stapeln zu markieren, an welchem Tag diese jeweils erledigt werden müssen.

Korrekturen erleichtern I

34

Legen Sie Tests und Lernerfolgskontrollen nach Möglichkeit so an, dass in der Lösung ein System versteckt ist. Denn das System

- vereinfacht die Korrekturen erheblich und
- wird vom Schüler oft nicht bemerkt.

Gleich mal ausprobieren

Im Fach Musik diktieren Sie den Schülern nicht einfach beliebig Notennamen, um deren Notenkenntnis zu überprüfen. Sie diktieren eine Melodie. So haben Sie bei der Korrektur viel weniger Arbeit.
Oder in Mathematik: Die Lösungszahl ist eine Folge der Primzahlen oder immer das Doppelte ihres Vorgängers.
Oder in Deutsch oder einer Fremdsprache: Die gesuchten Wörter müssen in der richtigen Reihenfolge nach dem Alphabet auftauchen.

Jede Korrektur wird noch einfacher, wenn Sie sich schon im Vorfeld kurz darüber Gedanken machen, wie Sie die Klassenarbeit oder den Test korrigieren möchten. In vielen Fächern kann man in die Lösungen eine Logik einbauen, die einem viel Arbeit bei der Korrektur abnimmt.
In den meisten Fällen erfüllt eine standardisierte Abfrage den Prüfungszweck vollkommen (Tipp 35). So sparen Sie sowohl beim Entwickeln als auch beim Korrigieren von Lernerfolgskontrollen viel Zeit und Nerven.

› Tipp 35

Um die Ecke gedacht

Sie wollen sichergehen, dass die Schüler nicht voneinander abschreiben können, haben aber nicht genug Platz im Unterrichtsraum, um alle Schüler an eigene Tische zu setzen? Dann müssen Sie unterschiedliche Tests vorbereiten. Gruppe A – Gruppe B – Gruppe C – usw.
In vielen Fällen genügt es völlig, lediglich die Reihenfolge der Aufgaben zu vertauschen. Schon damit wird es Schülern wesentlich erschwert, vom Nachbarn abzuschreiben. Sinnvollerweise sortieren Sie die Tests bereits vor dem Austeilen immer abwechselnd und verzichten auf eine Kennzeichnung der unterschiedlichen Gruppen.
Sie werden sehen: Manche Schüler merken beim Abschreiben noch nicht einmal, dass der Nachbar ganz andere Aufgaben hat.

Korrekturen erleichtern II

35

Tipp 34

Um Zeit zu sparen und Nerven zu schonen, sollte die Korrektur von Klassenarbeiten so einfach wie möglich gestaltet sein (Tipp 34).

Verzichten Sie deshalb bei Tests auf Fragen, die lange Sätze als Antworten erfordern. Beschränken Sie sich vielmehr, soweit möglich, auf das Abfragen von Fakten, denn hier wird ebenfalls die fachliche Kompetenz geprüft.

Fakten abfragen

Tipp 36

Indem Sie Ihre Bewertungskriterien außerdem transparent gestalten, ist sowohl Ihren Schülern als auch Ihnen geholfen (Tipp 36). Sie selbst wissen bereits bei der Entwicklung des Tests, welche Aufgabe wie viele Punkte erhält. Das erspart Ihnen, sich im Nachhinein Gedanken über die Gewichtung einzelner Teile zu machen, und Ihre Schüler sehen bereits bei der Bearbeitung der Klassenarbeit, bei welchen Aufgaben der Schwerpunkt liegt, was ihnen die Gelegenheit bietet, sich ihre Zeit dementsprechend einzuteilen.

Gleich mal ausprobieren

Einer Ihrer nächsten Tests könnte folgendermaßen aufgebaut sein:

- Bei einer Aufgabe wird ein richtiges Lösungswort gesucht. Drei Wörter sind vorgegeben, die beiden falschen müssen durchgestrichen werden.
- In einer anderen Aufgabe sind Ereignisse genannt, diese müssen mit den jeweils passenden Jahreszahlen versehen werden.
- Stellen Sie eine Behauptung auf und lassen Sie die Schüler *richtig* oder *falsch* ankreuzen.
- Sechs Eigenschaften werden genannt und müssen mit Linien den zwei benannten Personen zugeordnet werden.

Versehen Sie jede einzelne Aufgabe am rechten Rand mit einem Schrägstich und dahinter mit der zu erreichenden Punktzahl (z.B. ... / 4 P.).

Unter der letzten Aufgabe stehen rechts die erreichte und die mögliche Punktsumme (z.B. Gesamt: ... / 28 P.).

So ersparen Sie sich Zeit bei der Korrektur und der Schüler kann schon während der Bearbeitung der Aufgaben erkennen, wie viele Punkte er wofür bekommen kann. Möglicherweise kann er sogar schon während der Bearbeitung abschätzen, wie viele Punkte er insgesamt bekommt.
Sollte er unter Zeitdruck geraten, kann er mithilfe der offengelegten Bewertungskriterien entscheiden, welche Aufgabe es sich am ehesten zu lösen lohnt.

Um die Ecke gedacht

Um bei der Korrektur zusätzlich Zeit zu sparen und die Bewertung transparent zu gestalten, sollten Sie unter dem Test den von Ihnen gewählten oder durch die Fachkonferenz beschlossenen Bewertungsmaßstab notieren, z. B.:

28–25 P.= 1
24–21 P.= 2
20–16 P.= 3
15–12 P.= 4
11–6 P.= 5
5–0 P.= 6

Nach der Korrektur kreisen Sie nur noch die erreichte Zensur ein und setzen Ihr Kürzel und das Datum dazu.
Hat die Fachkonferenz Ihrer Schule grundsätzlich einheitliche Bewertungsmaßstäbe beschlossen, so können Sie sich eine Vorlage anlegen, die Sie kopieren und zukünftig jedem Test nur noch beifügen.

36 Bewertungsmaßstab festlegen

Bei der effektiven Konzeption von Tests und der anschließenden Korrektur, kann eine Punktetabelle von Nutzen sein.
Mithilfe der Tabelle kann beim Entwerfen von Tests sofort erkannt werden, bei wie viel Gesamtpunkten es welche Zensur bei welcher erreichten Punktzahl gibt.

Gleich mal ausprobieren

Erstellen Sie eine Punktetabelle wie diese, z.B. mithilfe von MS Excel:

Zensur	1	2	3	4	5	6
Gesamtpunkte	100–93 %	92–77 %	76–61 %	60–45 %	44–20 %	19–0 %
10	10	9	8-7	6-5	4-3	2-0
11	11	10-9	8-7	6-5	4-3	2-0
12	12	11-10	9-8	7-6	5-3	2-0
13	13	12-11	10-9	8-6	5-3	2-0
14	14	13-12	11-10	9-7	6-4	3-0
15	15	14-13	12-10	9-7	6-4	3-0
16	16-15	14-13	12-10	9-7	6-4	3-0
17	17-16	15-14	13-11	10-8	7-4	3-0
18	18-17	16-14	13-11	10-8	7-4	3-0
19	19-18	17-15	14-12	11-9	8-5	4-0
20	20-19	18-16	15-13	12-9	8-5	4-0
21	21-20	19-17	16-13	12-9	8-5	4-0
22	22-21	20-18	17-14	13-10	9-5	4-0
23	23-22	21-18	17-14	13-10	9-6	5-0
24	24-23	22-19	18-15	14-11	10-6	5-0
25	25-24	23-20	19-16	15-11	10-6	5-0
...						

In diesem Beispiel gibt es die Zensur „5“ bei weniger als 45 Prozent der zu erreichenden Punkte. Eventuell wird an Ihrer Schule eine andere prozentuale Verteilung verwendet? Dann verändern Sie die Tabelle einfach entsprechend.

37

Wo ist denn die Zeit geblieben? Wenn man sich vorstellt, dass man etwa sieben bis acht Stunden pro Tag schläft, wundert man sich manchmal darüber, wo die restlichen 16 bis 17 Stunden, in denen man wach ist, eigentlich bleiben. Selbst bei einer Arbeitszeit von acht Stunden bleiben immer noch acht bis neun Stunden übrig. Womit wird diese Zeit gefüllt? Diese Frage sollte man sich gelegentlich bewusst stellen und die Antwort darauf auch einmal grafisch veranschaulichen.

Zeiteinteilung veranschaulichen

Sowohl für Schüler als auch für Lehrer ist es hilfreich, sich einen Überblick darüber zu verschaffen, wofür tagtäglich die Zeit verbraucht wird. Nur so kann man entdecken, an welchen Stellen für nutzlose Dinge zu viel Zeit und für sinnvolle Dinge zu wenig Zeit vorhanden ist.
Werden diese Beobachtungen über eine Woche konsequent protokolliert, wird man feststellen, dass man oft zu viel Zeit für Unwichtiges und zu wenig Zeit für wirklich Wichtiges aufwendet (Tipp 39).

Zeit sinnvoll einsetzen

› Tipp 39

Um die Ecke gedacht

Ein Arbeitszeit-Protokoll sensibilisiert Lehrer und Schüler dafür, mit der Zeit bewusster umzugehen (Tipp 4). Natürlich ist allein mit dem Wissen, wo die Zeitkiller stecken, noch keine praktische Veränderung vollzogen. Es ist aber ein Bewusstsein dafür entstanden, dass eine Veränderung möglich bzw. nötig ist.
Besonders Schüler, die immer wieder behaupten, sie hätten einfach nicht genug Zeit zum Üben und Wiederholen oder für das Erledigen der Hausaufgaben gehabt, müssen anhand des Protokolls Folgendes einsehen: Die Zeit, die sie vor dem Fernseher oder im Internet verbracht haben (Tipp 21), steht in einem beeindruckenden Verhältnis zu der Zeit, die für die Nach- und Vorbereitung des Unterrichts verwendet wird.

› Tipp 4

› Tipp 21

Gleich mal ausprobieren

Legen Sie entsprechend dem nachfolgenden Beispiel eine Tabelle an, in der Sie nur farblich markieren, was Sie heute oder gestern in welchen Zeiträumen getan haben.
Ergänzen Sie weitere Farben für Ihre Tagesgestaltung oder verwenden Sie andere für Sie passende Kategorien.

h/ min.	05	10	15	20	25	30	35	40	45	50	55	60
7.00												
8.00												
9.00												
...												

Verwenden Sie folgende Farben:
Blau – Essen, Körperpflege
Gelb – Fahrzeiten
Rot – Unterricht
Orange – Pausen
Grün – Kommunikation (persönlich/Telefon/E-Mail)
Braun – Korrekturen und Unterrichtsvorbereitung
Rosa – Freizeit, Fernsehen, Sport, Erholung usw.

38 10 Kriterien: Gut unterrichten

Gut unterrichten, das will jeder Lehrer. Aber es ist leichter gesagt als getan. Was ist guter Unterricht?
Hilbert Meyer hat dazu folgende zehn Kriterien aufgestellt:

› Tipp 44

1. Klare Strukturierung des Unterrichts (klare Strukturierung des Lehr- und Lernprozesses) (Tipp 44)
2. Hoher Anteil echter Lernzeit
3. Lernförderliches Klima (Schaffung einer lernförderlichen, positiven Arbeitsatmosphäre)

4. Inhaltliche Klarheit (Inhaltliche Klarheit liegt dann vor, wenn die Aufgabenstellungen verständlich, der thematische Gang plausibel und die Ergebnissicherung klar und verbindlich gestaltet worden sind.) (Tipp 31) › Tipp 31
5. Sinnstiftendes Kommunizieren (Vermittlung zwischen Lehrplan und Schülerinteressen)
6. Methodenvielfalt
7. Individuelles Fördern (Orientierung am individuellen Lernstand, Ermutigung zum Lernen und Vermittlung von Lernstrategien)
8. Intelligentes Üben
9. Transparenz der Leistungserwartung (Transparenz der den Schülern vermittelten bzw. zwischen Lehrern und Schülern ausgehandelten Lernerwartungen und Deutlichkeit der Leistungsrückmeldungen) (Tipp 35, 36) › Tipp 35, 36
10. Vorbereitete Umgebung

(Meyer, Hilbert (2004): Was ist guter Unterricht? Cornelsen Verlag Scriptor: Berlin, S. 17 f.)

Gleich mal ausprobieren

Reflektieren Sie eine Ihrer letzten Unterrichtsstunden anhand der von Hilbert Meyer aufgestellten zehn Kriterien. Wie viele konnten Sie erfüllen?

Achtung!

Natürlich wird man nie alle Merkmale in einer Unterrichtsstunde angemessen berücksichtigen können, das fordert auch niemand. Die Liste bietet aber sehr gute Anhaltspunkte, was einen guten Unterricht ausmacht und worauf man achten sollte. Je mehr Sie davon erfüllen, desto zufriedener sind Sie schließlich mit sich selbst und mit Ihrem Unterricht (Tipp 25). › Tipp 25

39 Entscheidungen treffen: Wichtig oder unwichtig?

Als Lehrer trifft man jeden Tag so viele Entscheidungen wie ein Fluglotse: etwa 6000 in sechs Unterrichtsstunden. Viele Entscheidungen trifft man intuitiv, ohne viel darüber nachzudenken, ob diese oder jene nun gerade wichtig oder doch eher unwichtig ist, ob man sich mit dieser oder jener Entscheidung vielleicht besser noch Zeit lässt oder nicht (Tipp 77). Dessen wird man sich manchmal erst im Nachhinein bewusst und auch der Tatsache, dass man sich, rein intuitiv, leider falsch entschieden hat.

› Tipp 77

Gleich mal ausprobieren

Sie haben heute schon viele Entscheidungen getroffen:
Welche Entscheidungen waren wichtig?
Welche Entscheidungen waren unwichtig?
Haben Sie sich heute schon einmal falsch entschieden? Warum?

Achten Sie darauf, sich bei jeder Entscheidung bewusst zu machen, ob es für Sie bedeutende Konsequenzen geben könnte:
Wie wirkt sich die Entscheidung auf die Schüler, auf Kollegen und auf Eltern aus?
Was sagt die Schulleitung zu Ihrer Entscheidung?
Können Sie Ihre Entscheidung vor sich selbst vertreten, d.h., stehen Sie voll hinter dem, was Sie gerade entschieden haben?

Umgang mit Entscheidungen hängt vom Typ ab

Der Umgang mit Entscheidungen ist von Mensch zu Mensch unterschiedlich. Es kommt auf den Typ an:

Typ 1

Ich entscheide sofort!
Damit er die Dinge nicht aus dem Blick verliert, möchte er am liebsten alles sofort erledigen und entscheiden.
Daher sollte er nur noch die aus seiner Sicht und nach Abwägung aller möglichen Konsequenzen wirklich wichtigen

Dinge sofort erledigen (Tipp 11). Für den Rest wird eine To-do-Liste angelegt, regelmäßig geführt und natürlich auch abgearbeitet.

› Tipp 11

Achtung!

Eine To-do-Liste macht nur Sinn, wenn sie nicht nur regelmäßig geführt, sondern auch ebenso regelmäßig abgearbeitet wird. Versehen Sie daher jede Aufgabe grundsätzlich mit einer zeitlichen Bearbeitungsfrist und halten Sie diese auch ein!

Typ 2

Ich verliere nie den Durchblick!

Er hat sich selbst gut im Griff und immer einen guten Überblick über seine Aufgaben (Tipp 1).

› Tipp 1

Eine To-do-Liste ist für Menschen wie ihn kein Muss. Er sollte dennoch darauf achten, stets das Wichtige vom Unwichtigen zu trennen, um effektiv zu handeln und entscheiden zu können.

Typ 3

Bei mir herrscht Chaos!

Dieser Typus ist absolut unorganisiert. Wichtig und unwichtig gibt es bei ihm nicht.

Wenn es einem schwer fällt, Prioritäten zu setzen, sollte man lieber einfach alles der Reihe nach erledigen, egal ob wichtig oder unwichtig, aber sofort. Auch wenn man für seine Umwelt, was die Zeitplanung betrifft, damit unberechenbar ist und häufiger mal in Ungnade fällt, die eigene Zufriedenheit ist einem sicher.

Entscheidungen treffen – dringend!

40

Nicht alles, was andere Menschen für „absolut dringend" halten, ist auch wirklich absolut dringend. Daher sollte man sich von anderen nicht aus der Ruhe bringen lassen.

Wann immer ein Kollege, der Schulleiter, eine Mutter oder ein Schüler es mit einer Sache ganz, ganz eilig hat, sollte man genau hinterfragen, ob die Sache wirklich so schnell erledigt werden muss. Was ist die Konsequenz, wenn man erst später, vielleicht sogar erst am nächsten Tag eine Entscheidung trifft (Tipp 77)?

› Tipp 77

SOS-Tipp

Sind keine schwerwiegenden Konsequenzen zu befürchten, ist die Sache also nicht wirklich dringend, dann verschieben Sie die Entscheidung und widmen Sie sich zuerst den wichtigeren Aufgaben (Tipp 39).

› Tipp 39

Machen Sie Ihrem Gegenüber klar, dass Sie sich mit seinem Anliegen beschäftigen und es ernst nehmen, Sie jedoch nicht erkennen können, dass eine spätere Entscheidung der Sache schaden könnte.

Gleich mal ausprobieren

Notieren Sie – ganz spontan – neun Aufgaben, die Sie in naher Zukunft erledigen müssen.

Legen Sie am besten auf einem DIN-A4-Blatt ein Raster mit den Koordinaten *wichtig – unwichtig* und *dringend – nicht dringend* an und sortieren Sie die anstehenden Aufgaben dementsprechend ein.

- Wichtige und dringende Entscheidungen erledigen Sie sofort.
- Unwichtige und dringende Entscheidungen müssen Sie versuchen, ganz an andere Personen abzugeben oder zeitweise zu delegieren.
- Wichtige, aber nicht wirklich dringende Entscheidungen werden auf einer To-do-Liste notiert und zu gegebener Zeit bearbeitet.

Unwichtige und nicht dringende Entscheidungen lassen Sie am besten völlig außer Acht. Meistens erledigen diese sich von selbst.

Prioritäten-Liste

	unwichtig ←	→ wichtig
→ dringend		
nicht dringend ←		

Klassenregeln aufstellen und einhalten

41

Das Erstellen von Klassenregeln sollte immer in einem gemeinsamen Prozess mit den Schülern erfolgen. Regeln einfach nur seitens der Lehrkraft vorzugeben, würde diese nicht in der Klassengemeinschaft verwurzeln. Es hat sich daher bewährt, beim gemeinsamen Erstellen von Klassenregeln nach folgendem Muster vorzugehen:

Klassenregeln gemeinsam aufstellen

1. Jeder schreibt die ihm wichtigsten Klassenregeln auf.
2. Die Regeln werden an der Tafel gesammelt.
3. Fünf, sieben oder zehn Regeln werden ausgewählt und als Klassenregeln auf einem Plakat festgehalten, das dann für alle gut sichtbar im Klassenraum aufgehängt wird.

Warum Regeln?

Das gemeinsame Aufstellen von Klassenregeln sollte von folgenden Fragen begleitet werden:

- Wozu brauchen Menschen, die zusammen leben oder arbeiten, überhaupt Regeln?
- Gibt es in der Klasse konkrete Anlässe oder Probleme, derentwegen Regeln vereinbart werden müssen?
- Welches Recht hat jeder Schüler in der Schule? (Er hat das Recht, zu lernen, ohne gestört zu werden.)
- Welches Recht hat jeder Lehrer in der Schule? (Er hat das Recht, ungestört unterrichten zu dürfen.)
- Sind Lehrer für die Rechte von Schülern und Schüler für die Rechte von Lehrern verantwortlich?
- Welche Konsequenzen hat es, wenn sich Schüler nicht an die vereinbarten Regeln halten (Tipp 42)?

› Tipp 42

Achtung!

In vielen Klassen gibt es Klassenregeln, die oft nicht eingehalten werden bzw. ein Regelverstoß hat keinerlei Konsequenzen. Damit sind sie überflüssig und sinnlos.
Den Schülern muss klar sein, dass ein Verstoß gegen eine Regel immer eine Konsequenz hat (z.B.: Wenn ein Schüler dreimal innerhalb einer Stunde in den Klassenraum ruft, dann ...).
Wichtig ist auch, dass die Regeln nicht nur beim Klassenlehrer, sondern auch bei den Fachlehrern konsequent eingehalten werden. Dazu müssen die Fachlehrer über die vereinbarten Klassenregeln und die Konsequenzen im Falle eines Regelverstoßes informiert werden, am besten auf einer Klassenkonferenz zum Schuljahresbeginn.

Um die Ecke gedacht

Regeln sollten nicht nur von den Schülern unterschrieben werden. Auch die Eltern können über die Klassenregeln mit der Bitte um Unterstützung informiert werden. Die Unterschrift der Eltern unterstreicht den Verbindlichkeitscharakter der Regeln für die Schüler und erhöht damit auch den Druck, diese einzuhalten.

Gleich mal ausprobieren

Versuchen Sie mit Ihren Schülern, Klassenregeln zu erstellen. Sie könnten lauten:

1. Jeder ist für einen störungsfreien Unterricht mit verantwortlich.
2. Zu Beginn der Unterrichtsstunde haben wir unsere Arbeitsmaterialien bereitgelegt und befinden uns an unserem Platz.
3. Wir melden uns und rufen unsere Antwort nicht einfach ungefragt in die Klasse.
4. Wir streiten nicht, sondern helfen uns gegenseitig.
5. Wir lachen einander nicht aus.

42 Das Trainingsraum-Modell

Das Trainingsraum-Modell entlastet Schüler und Lehrer im Unterricht gleichermaßen und wird bereits in vielen Schulen eingesetzt. Ziel des Modells ist es, dass die störenden Schüler von ihren Mitschülern getrennt werden und die Konsequenzen ihres Handelns selbst formulieren.

In der Regel wird dabei folgendermaßen vorgegangen:
Nach einem festgelegten Fragenkatalog werden die Störenfriede zuerst noch im Klassenraum aufgefordert, ihr Handeln zu reflektieren:

1. Was tust du gerade?
2. Kennst du die Regeln der Klasse (Tipp 41)?
3. Möchtest du in den Trainingsraum, um dein Handeln zu reflektieren, oder änderst du dein Verhalten und bleibst dafür in der Klasse?

› Tipp 41

Entscheidet sich der Schüler nach Beantwortung der Fragen für einen Verbleib in der Klasse, stört dann aber erneut, wird er mit einem Laufzettel direkt in den „Trainingsraum“ geschickt, der mit einer Lehrkraft (die eine Freistunde hat) oder einer anderen Person (z. B. in einer Schulstation) besetzt ist.

Laufzettel

Auf dem Laufzettel werden folgende Daten festgehalten:
- Name des Schülers
- Klasse
- Fach
- Datum
- Uhrzeit
- Schilderung der Unterrichtsstörung
- Unterschrift des Lehrers

Rückkehrplan

Im Trainingsraum bearbeitet der Störer außerdem einen Rückkehrplan, zu dessen Einhaltung er sich verpflichten muss.

Dazu gilt es auf dem Rückkehrplan folgende Fragen zu beantworten:
- Weshalb wurde ich in den Trainingsraum geschickt?
- Was genau habe ich dabei gemacht?
- Welche Folgen hatte meine Störung für den Unterricht?
- Wie kann ich zeigen, dass ich nicht mehr in den Trainingsraum geschickt werden möchte?
- Ich war bereits _____ mal im Trainingsraum. Warum habe ich die dabei vorgeschlagenen Verhaltensänderungen nicht eingehalten?
- Ich erkundige mich nach versäumtem Unterrichtsstoff und Hausaufgaben bei ________________________ .

Gleich mal ausprobieren

Testen Sie dieses Modell in Störungsfällen. Schließen Sie sich am besten mit anderen Lehrern zusammen und setzen Sie die Methode gemeinsam ein.

Tauschen Sie sich nach einer gewissen Erprobungsphase untereinander über Ihre Erfahrungen aus. Haben die Störungen abgenommen?

Lärm mit Ruhe begegnen

43

Durchsetzungsvermögen beweisen

Wahrscheinlich gibt es keinen Lehrer, der nicht irgendwann einmal am Lärmpegel in seiner Klasse verzweifelt. Warum gibt es immer Geschrei?
Kinder sind nun mal laut, und nur derjenige, der am lautesten brüllt, setzt sich durch. Das ist ein ganz natürlicher Prozess und gilt beileibe nicht nur für Schüler.

Um die Ecke gedacht

Nimmt man einmal an einem Essen in einem absolut dunklen Raum teil, wird man feststellen, dass das Essen und Trinken nicht das Problem ist, wohl aber der Lärmpegel im Raum.
Weil alle sonstigen Kommunikationsmittel wie Blickkontakt, Berühren, Mimik und Bewegung im Dunkeln nicht funktionieren, ist man allein auf die Sprache und das Sprachvolumen angewiesen, wenn man auf sich aufmerksam machen will. Und derer bedienen sich alle – das ist sehr laut und anstrengend.

Aufmerksamkeit gewinnen

Nur was tun, wenn einem der Lärm zu anstrengend wird? Wenn der Pegel in der Klasse ein gewisses Maß überschreitet, die Schüler nicht zur Ruhe kommen wollen? Versuchen, sie zu übertönen? Nein. Es gibt auch andere Wege, ihre Aufmerksamkeit zu gewinnen:
Um die Schüler dazu zu bewegen, einer gemeinsamen Tätigkeit nachzugehen, nämlich zu schweigen und dem Lehrer zuzuhören (Tipp 74), kann man durch eine bestimmte, zum Nachahmen geeignete Aktion auf sich aufmerksam machen, z. B., indem man immer wieder einen bestimmten Rhythmus vorklatscht, so lange, bis alle mitmachen. Oder man nimmt eine bestimmte Haltung ein, die langsam alle nachahmen, wie z. B. eine Hand nach oben gestreckt, den Zeigefinger der anderen Hand auf den Mund gelegt. Zeichen, die zu Ritualen werden können und bedeuten: Es ist Zeit, ruhig zu werden, sich zu konzentrieren und zu beginnen.

› Tipp 74

Gleich mal ausprobieren

Natürlich können Sie als Lehrer versuchen, die Schüler einfach – kraft Ihrer Autorität – zu übertönen. Das funktioniert manchmal auch. Aber versuchen Sie es doch einmal so:
Stellen Sie sich schweigend vor die Klasse und schauen Sie die Schüler an. Nicht böse, nicht aggressiv, aber interessiert und direkt. Einen nach dem anderen. Aber schweigen Sie. Suchen Sie den Blickkontakt und signalisieren Sie: Wenn Ruhe ist, fange ich mit dem Unterricht an, vorher nicht.
Ein Schüler nach dem anderen wird das merken und ebenfalls schweigen. Durch den langsam sinkenden Lärmpegel werden auch die anderen aufmerksam, stellen fest, dass Sie schweigen und werden ebenfalls das Reden einstellen. Bis es auch der Letzte gemerkt hat. Und dann bitten Sie um Aufmerksamkeit und beginnen mit dem Unterricht.
Spätestens nach dem dritten Mal werden Ihre Schüler bereits beim Betreten der Klasse den Lärmpegel senken und sehr schnell zur Ruhe kommen.

In der Ruhe liegt die Kraft

Wenn man die Ruhe bewahrt und dem Lärm mit Stille begegnet, wird man erleben, dass die Kraft wirklich in der Ruhe liegt.

44 Konsequent Stillarbeitsphasen durchführen

Der klassische Frontalunterricht, aber auch andere Unterrichtsformen bieten immer die Möglichkeit, auch Stillarbeitsphasen innerhalb der Schulstunde durchzuführen. Diese Stillarbeitsphasen, in denen es wirklich still im Klassenraum ist, kommen sowohl den Schülern als auch der Lehrkraft zugute.
„Stillarbeit“ sollte in diesem Zusammenhang nie so verstanden werden, dass alle zur gleichen Zeit dasselbe tun. Selbstverständlich kann in Stillarbeitsphasen hinsichtlich der Aufgabenverteilung genauso differenziert werden wie z. B. in Gruppenarbeitsphasen.

Differenzierung in Stillarbeitsphasen

Stille muss gelernt, dann geübt werden. Und schließlich: Stille muss ertragen werden. Je unruhiger eine Klasse insgesamt ist, umso wichtiger ist es für Schüler und Lehrkraft, Stillarbeitsphasen einzuführen, zu trainieren und dann konsequent und regelmäßig durchzuführen.

Stille ertragen lernen

Welche Bedeutung haben Stillarbeitsphasen für Schüler?

Vorteile für Schüler

- Gerade in unruhigen Klassen sind Schüler dankbar, wenn sie einmal individuell in Stille arbeiten können.
- Nach „lauteren" Unterrichtsphasen erzeugt der Wechsel in eine Stillarbeitsphase bei vielen Schülern häufig einen Motivationsschub.
- Die Arbeitsintensität und Konzentration nimmt in Stillarbeitsphasen zu.
- Die Aufmerksamkeit der Schüler wird auf ihr eigenes Produkt fokussiert.

Was bedeutet Stillarbeit für Lehrer?

Vorteile für Lehrer

- Lehrer können sich in dieser Zeit besser einzelnen Schülern widmen. Ist die Lerngruppe gut auf Stillarbeit eingestellt, braucht der Lehrer kaum regulierend einzugreifen.
- Lehrer haben in Stillarbeitsphasen die Möglichkeit, zurückliegende Arbeitsphasen zu reflektieren bzw. folgende vorzubereiten (z. B. ein Tafelbild, Hausaufgaben anschreiben).
- Lehrer können in Stillarbeitsphasen organisatorische Dinge erledigen, wie z. B. Anwesenheitslisten, Klassenbucheinträge, Notizen zur Mitarbeit einzelner Schüler usw. (Tipp 48, 69).
- Wenn es die Situation erlaubt, kann man auch einfach mal kurz abschalten (Tipp 45, 91, 92).

› Tipp 48, 69

› Tipp 45, 91, 92

Gleich mal ausprobieren

Wenn Sie Stillarbeit mit Ihren Schülern trainieren möchten, denken Sie an Folgendes:

- Vereinbaren Sie mit den Schülern feste Regeln für die Stillarbeitsphasen (Tipp 41).

› Tipp 41

- Teilen Sie den Schülern immer mit, wie lange eine Arbeitsphase dauern soll, und halten Sie diese Zeit unbedingt ein (Tipp 46).
- Visualisieren Sie die Zeit z. B. durch einen Time Timer (Tipp 47).
- Trainieren Sie zuerst nur sehr kurze Stillarbeitsphasen von zwei bis drei Minuten mit kleinen Aufgaben, die im Kopf gelöst werden können (z. B.: Denke dir zehn zweisilbige Substantive aus, die mit dem Buchstaben „H" beginnen. Versuche, sie dir zu merken.).
- Machen Sie mit Ihren Schülern einen Versuch: „Wie lange schafft ihr es, in Stille zu arbeiten?"
- Loben Sie Ihre Schüler in der Trainingsphase, wenn eine Stillarbeitsphase gut geklappt hat. Belohnen Sie sie vielleicht sogar mit einem hausaufgabenfreien Tag.

› Tipp 46
› Tipp 47

Achtung!

Achten Sie von Anfang an darauf, dass Stillarbeitsphasen und die damit verbundenen Regeln absolut konsequent eingehalten werden. Sonst sind sie sinnlos!

45 Sich zwischendurch bewegen

Als Referendar während einer Unterrichtshospitation geht man vielleicht noch interessiert umher und schaut dem einen oder anderen Schüler über die Schulter, gibt einige Tipps und erfährt nebenbei auch noch etwas über den Leistungsstand der einzelnen Schüler. Später ist es dagegen oft verlockend, sich gemütlich auf den Stuhl am Lehrertisch zu setzen, wenn die Schüler ruhig und konzentriert mit einer Stillarbeit (Tipp 44) beschäftigt sind.

› Tipp 44

Aber auch als erfahrener Lehrer sollte man es sich nicht permanent auf dem eigenen Stuhl hinter dem Lehrertisch bequem machen. Zum einen natürlich wegen der Schüler, zum anderen aber, weil die Bewegung zwischendurch sehr gut tut.

Bewegung ist wohltuend

Gleich mal ausprobieren

Probieren Sie in Ihrer nächsten Unterrichtsstunde doch einfach mal, sich für maximal fünf Minuten hinzusetzen. In der restlichen Zeit gehen Sie entspannt umher, achten auf lockere Schultern und ein gerades Kreuz. Oder stehen Sie während einer Stillarbeitsphase einfach mal hinten im Klassenraum. Sind Sie unbeobachtet, können Sie auf den Füßen leicht nach vorn und nach hinten wippen. Belasten Sie abwechselnd die Fersen und die Ballen beider Füße gleichmäßig. Achten Sie dabei darauf, dass Arme und Schultern wirklich entspannt sind.

Schüler kippeln, weil sie einen natürlichen Bewegungsdrang haben, den sie im Unterricht nicht befriedigen können. Als Lehrer hat man diese Einschränkung nicht. Das sollte man ausnutzen. Man kann sich völlig ungezwungen durch den ganzen Raum bewegen.
Aber natürlich sollte man dem Bewegungsbedürfnis der Schüler auch entgegenkommen und zwischendurch mit auflockernden Übungen für die ganze Klasse wieder für mehr Konzentration sorgen.

Bewegung sorgt für Konzentration

SOS-Tipp

Es gibt Stühle, die nach hinten etwa fünf Grad und nach vorn sieben Grad abgeschrägte Kufen bzw. entsprechend bewegliche Sitzflächen und Lehnen haben. Diese Stühle, die nicht ganz preiswert sind, ermöglichen einem drei verschiedene Sitzhaltungen: Nach vorn geneigt fördern sie Konzentration, Aufmerksamkeit und Anspannung, nach hinten geneigt ermöglichen sie Entspannung statt Kippeln. Eigentlich bräuchte man diese Stühle für alle Schüler und Lehrer ...

Zeit im Blick behalten

46

„Der Uhr eigenster Sinn ist Zeit ihres Lebens."
(*Frank Fontanis/Jens Strelow*)

Sie haben die Zeit im Griff? In jeder Unterrichtsstunde? Es gelingt Ihnen perfekt, den Schluss-Satz zu sprechen, bevor es dann schlagartig läutet?

› Tipp 48

Nicht nur den pünktlichen Beginn sowie das Ende des Unterrichts sollte die Lehrkraft im Blick haben (Tipp 48), sondern sich auch während des Unterrichts um ein gutes Zeitmanagement bemühen.

Pausen sind wichtig

Mithilfe der richtigen Zeiteinteilung während des Unterrichts gelingt es außerdem, auch in den Genuss von Pausen zu kommen, und diese sind sowohl für Schüler als auch für Lehrer wichtig. Schließlich muss in der darauf folgenden Stunde wieder mit genauso viel Elan und Kraft weitergearbeitet werden (Tipp 49).

› Tipp 49

SOS-Tipp

Gewöhnen Sie sich an, im Unterricht eine Uhr zu tragen, oder, wenn Sie ein notorischer Armbanduhrengegner sind, sorgen Sie dafür, dass in jedem Ihrer Unterrichtsräume eine Uhr hängt.
Funkgesteuerte Uhren sind heute keine wirklich große Investition mehr. Wenn Sie sich für Ihren Unterrichtsraum eine Funk-Wanduhr anschaffen, haben Sie keine Probleme und keinen Aufwand mehr mit dem Stellen der Uhr. Sommerzeit, Winterzeit – alles funktioniert von allein.

Arbeitsaufträge mit Zeitvorgaben

Erziehen Sie Ihre Schüler ebenfalls zu einem guten Zeitmanagement im Unterricht. Vergeben Sie z. B. Arbeitsaufträge mit festen Zeitvorgaben und achten Sie darauf, dass Sie die Zeitvorgaben auch wirklich genau einhalten. Natürlich erfordert das eine gute Vorplanung und Erfahrung im Umgang mit Unterrichtszeit, gelingt aber mit ein wenig Übung ganz leicht.

Gleich mal ausprobieren

Erteilen Sie Arbeitsaufträge, bei denen die Schüler die Zeit selbst im Blick haben müssen. Möglich ist auch ein Arbeitsauftrag, der aus mehreren Phasen besteht, z.B.:

- Von 10:05 Uhr bis 10:20 Uhr übt ihr in Partnerarbeit das betonte Vortragen des Gedichts.
- Um 10:20 Uhr holt ihr euch den nächsten Arbeitsauftrag aus Karteikasten A und bearbeitet diesen bis 10:40 Uhr.
- Um 10:40 Uhr gebt ihr eure Ergebnisse bei mir ab, ich bewerte diese und anschließend habt ihr Pause.

Achtung!

Erliegen Sie nicht der Versuchung, Ihre Schülerschaft zwischendurch an die Zeit zu erinnern. Erziehen Sie Ihre Schüler zur Selbstständigkeit.

Um die Ecke gedacht

Im Lehrmittelbedarf (z.B. bei www.timetimer.de) gibt es spezielle Uhren für den Unterrichtseinsatz, auf denen die Länge der Arbeitsphase eingestellt werden kann. Die Uhr läuft dann rückwärts bis auf null.
Ihr Einsatz ist v.a. bei Klassenarbeiten und Tests sinnvoll, denn sie zeigt den Schülern ganz deutlich, wie viel Zeit ihnen für eine bestimmte Aufgabe noch zur Verfügung steht (Tipp 47).

› Tipp 47

Zeit rückwärts laufen lassen

47

Es wäre doch schön, liefe die Zeit rückwärts: Anstatt weniger Zeit, hätte man immer mehr. Tatsache aber ist: die Zeit läuft ab, meist schneller als man denkt, fühlt oder in der jeweiligen Situation realisieren kann. Dabei ist es ein ganz normaler Prozess: Man hat für die Korrekturen (Tipp 34, 35) oder für einen Vortrag eine bestimmte Zeit eingeplant und irgendwann ist diese nun einmal abgelaufen.

› Tipp 34, 35

Wie viel Zeit ist noch?

Normalerweise lebt man einfach mit der Zeit, und selbst wenn die Stunde um ist, beginnt sofort eine neue. Die Uhr hält nicht an, Zeit scheint grenzenlos zu sein. Da fällt es mitunter schwer, auf einen Blick zu errechnen, wie viel Zeit einem noch bleibt. Gerne verrechnet man sich oder bekommt kein wirkliches Gefühl für die verbleibende Zeit.

Verbleibende Zeit einschätzen

Warum also die Zeit nicht rückwärts laufen lassen? Das ist bekannt aus Sendungen wie „Wetten dass“ oder anderen Shows. Wenn rechts unten auf dem Bildschirm die Uhr rückwärts läuft, ist es viel leichter, die verbleibende Zeit richtig einzuschätzen.

Gleich mal ausprobieren

Sie haben sicherlich irgendwo eine Eieruhr oder einen Teewecker. Nutzen Sie eine solche Uhr, um ihr Zeitgefühl besser zu kontrollieren. Geben Sie sich für eine Aufgabe einen festen Zeitrahmen und stellen Sie den Wecker. Dann kontrollieren Sie regelmäßig, ob ihre gefühlte Zeit mit der tatsächlichen Restzeit übereinstimmt.

Achtung!

Natürlich können Sie für die Zeitmessung auch eine Stoppuhr verwenden. Aber dabei werden Sie feststellen, dass es weitaus schwieriger ist, stets die verbrauchte Zeit zuerst von der Gesamtzeit abzuziehen, um so die noch verbleibende Zeit zu erhalten. Das gilt besonders für Vorträge, bei denen Sie sich eigentlich auf Ihren Text und nicht auf die Zeitrechnung konzentrieren sollten.

SOS-Tipp

Wer keinen geeigneten Wecker findet, weil z. B. die einstellbaren Zeiten zu kurz sind, der kann es z.B. auch mit dem Time Timer (www.timetimer.de) oder ähnlichen Uhren versuchen. Es gibt sie als Wecker zum Aufstellen, für das Computerdisplay oder auch als Armbanduhr. Hier läuft die Zeit sehr plakativ rückwärts ab, und Sie können einfach und schnell erkennen, wie viel Zeit Ihnen noch bleibt.

48 Rechtzeitig den Unterricht beenden

„Beenden Sie rechtzeitig Ihren Unterricht!" Klingt trivial, oder? Was fällt Ihnen dazu ein? Etwa: „Der Lehrer beendet den Unterricht, nicht die Schulglocke"? Oder: „Die Schüler haben im Unterricht so viel gequatscht, dann muss man leider etwas überziehen"?

Stunde überziehen

Wann endet Ihr Unterricht? Nach 45 Minuten, mit dem Klingelzeichen oder danach? Sicher gibt es viele Argumente, den Schülern so viel Unterricht wie möglich zukommen zu lassen:

- Aufgrund von häufigem Unterrichtsausfall durch Krankheiten, Exkursionen, Prüfungen und Feiertage muss im Unterricht jede Minute ausgekostet und möglichst regelmäßig mit System überzogen werden.
- Die Unterrichtsstunde musste dreimal wegen Störungen durch einzelne Schüler unterbrochen werden (Tipp 42). Die dadurch verloren gegangene Zeit muss daher hinten drangehängt werden.
- Der Unterricht konnte nicht pünktlich beginnen, weil die Schüler ihre Arbeitsmaterialien erst noch bereitlegen mussten.
- Wenn die Hausaufgaben nicht so umfangreich sind, dann können die Schüler dafür in der Schule ruhig mal etwas mehr tun.

› Tipp 42

Warum die Stunde pünktlich beenden?

Es gibt aber auch reichlich Argumente dafür, den Unterricht rechtzeitig zu beenden. Hier nur zwei davon, die eigentlich offensichtlich sind:

› Tipp 91, 94

- Jeder Lehrer hat ein Anrecht auf eine Pause, in der er sich erholen (Tipp 91, 94) und eventuell noch Vorbereitungen für die nächste Stunde treffen kann. So geht er entspannter in den Unterricht. Davon hat nicht nur der Lehrer, sondern davon haben auch die Schüler der nächsten Lerngruppe etwas.
- Schüler brauchen ebenfalls eine Pause, um sich zwischen den Stunden zu erholen. Selbst nach intensivem Hörtraining können Kinder in der Regel nicht länger als 30 Minuten konzentriert zuhören.

Voraussetzung für pünktliches Unterrichtsende

Rechtzeitig den Unterricht zu beenden, bedeutet zweierlei:

1. Die Schüler müssen mit ihren Aufgaben zum Stundenklingeln fertig sein, d. h. selbst mit dem Notieren der Hausaufgaben.
2. Als Lehrer muss man ebenfalls mit dem Klingelzeichen die Tasche schließen können, um in den nächsten Klassenraum zu gehen.

Gleich mal ausprobieren

Versuchen Sie Ihren Unterricht pünktlich zu beenden, indem Sie bereits zwei oder drei Minuten vor Unterrichtsende die Schlussphase einläuten: Lassen Sie Sachen zusammenpacken, nehmen Sie Klassenbucheinträge vor, machen Sie Schlussansagen usw.

› Tipp 49

Die Zeit zwischen zwei Unterrichtsstunden brauchen Sie für sich selbst (Tipp 49)!

Pausen zur Erholung nutzen

49

Die Pausen zwischen den Unterrichtsstunden haben für Schüler verschiedene Gründe:

- Schüler müssen einen Unterrichtsraum wechseln.
- Schüler müssen sich praktisch und mental auf die nächste Unterrichtsstunde vorbereiten.
- Schüler brauchen Erholung.
- Schüler müssen etwas essen und trinken.

Lehrer nutzen die Pause, um …

Aber auch Lehrkräfte brauchen Pausen, z. B.

- zum schnellen Kopieren eines zusätzlichen Arbeitsblatts,
- zum Führen einer Aufsicht,
- zur kurzen Absprache mit dem Hausmeister oder einem Kollegen,
- um einen Versuch aufzubauen oder Musikinstrumente bereitzustellen.

Pausen sind dazu da, um …

Dabei sollte eine Pause doch dazu genutzt werden,

- sich zu erholen,
- etwas zu essen und zu trinken,
- einmal abzuschalten (Tipp 94),
- sich geistig zu regenerieren,
- für die nächste Arbeitsphase neue Kräfte zu sammeln (Tipp 2).

› Tipp 94
› Tipp 2

Achtung!

Ganz klar, so gut kann man seinen Unterricht gar nicht vorbereiten (Tipp 25), dass während der Pausenzeiten in der Schule nicht doch noch bestimmte Dinge zu erledigen wären.
Trotzdem sollte man immer wieder versuchen, Pausen auch wirklich als Pausen zu empfinden und als solche zu nutzen. Das kommt Ihnen und Ihren Schülern zugute, denn nur so gelingt es, sich neu zu motivieren und mit Elan den Unterricht zu bewältigen.

› Tipp 25

Gleich mal ausprobieren

Nehmen Sie sich Ihren aktuellen Stundenplan zur Hand. Welche großen Pausen eignen sich besonders gut dazu, auch wirklich als solche genutzt zu werden? An welchen Tagen haben Sie viel Unterricht, schwierige Lerngruppen und anstrengende Fächer?

Nehmen Sie sich vor, gerade an diesen Tagen Pausen wirklich als Pausen zu nutzen: Suchen Sie sich in der Schule eine stille Ecke, in der Sie abschalten können, z. B. im Bücherlager, in einem freien Klassenraum oder in einem Gruppenraum, der nur temporär genutzt wird. Essen oder trinken Sie etwas, lesen Sie ein Buch, das absolut nichts mit Schule zu tun hat, oder setzen Sie sich Kopfhörer auf und lauschen Sie einem entspannenden Musikstück (Tipp 93).

› Tipp 93

Zufriedenheit überprüfen

50

› Tipp 38

Eine eher schwierige Angelegenheit: sich selbst richtig einschätzen. Bin ich eine gute Lehrkraft (Tipp 38)?

Bestandsaufnahme machen

Manchmal hilft es schon, einfach mal eine Bestandsaufnahme zu machen, sozusagen einen Querstrich zu ziehen und die Summe zu bilden: Was läuft ganz gut im Unterricht? Wo möchte ich anders sein, anders reagieren? Was gefällt mir gar nicht? Folgende Liste hilft, das herauszufinden:

1. Spalte: *Das möchte ich beibehalten.*
In diese Spalte schreibt man alles, was einem gut gefällt, was einem Spaß macht. Dinge also, mit denen man eigentlich sehr zufrieden ist.

2. Spalte: *Das möchte ich mehr machen.*
Hier steht alles, was man vielleicht noch ausbauen, intensivieren oder forcieren möchte. Dinge, die man vielleicht noch besser beherrschen will oder überhaupt einmal angehen möchte, finden auch ihren Platz. Hier steht also, was einen noch zufriedener machen würde.

3. Spalte: *Das möchte ich weniger machen.*
Sachen, die man an seiner Arbeit nicht mag, wo man reduzieren will oder muss, was einen eher nervt oder was man vielleicht einfach nicht so gut kann. Also alles, worauf man getrost verzichten kann oder wo weniger eher mehr ist, sollte man hier notieren.

Gleich mal ausprobieren

Legen Sie nach obigem Beispiel eine Liste an und füllen Sie sie aus.
Wenn Sie sich das Ergebnis Ihrer Arbeit durchlesen, werden Sie merken, dass Sie gar nicht so schlecht dastehen. Ist dies nicht der Fall, muss die Liste aber auch nicht gleich hektische Aktivität bei Ihnen verursachen.
Es tut manchmal einfach gut und liefert neue Impulse, eine Bestandsaufnahme zu machen und das Ergebnis irgendwo zu notieren. Wenn Sie wollen, können Sie damit arbeiten – oder aber es einfach nur angucken und wieder weglegen.

Um die Ecke gedacht

Ihre Leistung wird sich automatisch verbessern, wenn Sie eine zufriedene Lehrkraft sind. Oft gelingt das schon ohne große Veränderungen (Tipp 87). Selbst die beschriebene Liste an sich kann Ihnen bereits mehr Zufriedenheit verschaffen und positive Energie verleihen.

› Tipp 87

51 Die Frust-Lust-Analyse

Manchmal geht Ihnen Ihr Job als Lehrer sicher gehörig auf die Nerven: Alles ist zu viel, Sie kommen nicht wirklich vorwärts, die Kollegen sind alle besser als Sie und die Schüler sind nur noch anstrengend. Aber dennoch lieben Sie Ihren Beruf. Sie können sich nichts anderes vorstellen und sind eigentlich mit Leib und Seele Lehrer (Tipp 25).

› Tipp 25

Frust-Lust-Ungleichgewicht

Zeit für eine Frust-Lust-Analyse. Denn wenn Sie unzufrieden sind, scheint irgendwo Unausgewogenheit zu herrschen, die man aber sicher beheben kann.

› Tipp 11, 84

Wo versteckt sich der Frust? Zum Beispiel hinter Aufgaben, die Sie lieber aufschieben (Tipp 11, 84), oder eher hinter Dingen, bei denen Sie schneller mal genervt reagieren? Auch die Lust gilt es manchmal erst zu entdecken: Wo hat sich die Arbeit mal gar nicht wie Arbeit angefühlt? Mit welchem Kollegen treffen Sie sich gern, um sich ganz einfach mal zu unterhalten? Oder bei welcher Gelegenheit hatten Sie wirklich viel Spaß beim Unterrichten?

Gleich mal ausprobieren

Erstellen Sie eine Liste:
1. Spalte: Frust im Beruf
2. Spalte: Lust im Beruf
Füllen Sie diese Liste gewissenhaft mit all Ihren Frust- und Lust-Erlebnissen oder -Erinnerungen.
Dann analysieren Sie das Ergebnis: Ist die Liste ausgewogen? Wo sind die Ungleichgewichte? Wo lesen Sie vielleicht Aussagen, die Ihnen davor gar nicht so präsent waren?
Wenn Sie zu viel Frust gelistet haben, nehmen Sie sich die einzelnen Punkte vor und sehen Sie, was Sie verändern können oder wollen (Tipp 50, 86).
Wenn Sie dagegen zu viel Lust entdecken, machen Sie weiter so, dann haben Sie Spaß und sind auf dem richtigen Weg.

› Tipp 50, 86

Vorteile von Teamarbeit nutzen

52

Viele Lehrkräfte scheuen sich aus den unterschiedlichsten Gründen davor, in der Schule im Team zu arbeiten: „Warum soll ich im Team arbeiten? Wenn ich allein etwas mache, dann weiß ich wenigstens, dass ich dafür verantwortlich bin."

Vorteile der Teamarbeit

Tatsächlich bedeutet Teamarbeit aber eine Arbeitserleichterung. Überall, wo man Lehrkräfte befragt, die in Teams arbeiten, äußern diese, dass Teamarbeit deutlich mehr Vor- als Nachteile bringt.
Die offensichtlichen Vorteile sind:

- Teamarbeit ist gesellig.
- In der Teamarbeit bekommt man von Kollegen Rückmeldungen zum eigenen Unterricht und zur Planung, die man sonst nicht bekäme (Tipp 58). › Tipp 58
- Die Unterrichtsvorbereitung im Team ist nicht nur unterhaltsam, der Ideenpool, aus dem man schöpfen kann, wächst erheblich (Tipp 31, 32). › Tipp 31, 32
- Die gemeinsame Unterrichtsvorbereitung spart Zeit, weil sie arbeitsteilig erledigt werden kann.
- Klassen, in denen die gleichen Inhalte mit gleichen Arbeitsmaterialien behandelt werden, sind in der Folge besser vergleichbar.
- Insgesamt verbessert sich die Unterrichtsqualität durch Teamarbeit deutlich (Tipp 25, 56). › Tipp 25, 56

Gleich mal ausprobieren

Mit wem könnten Sie an Ihrer Schule im Team arbeiten, mit wem eher nicht? Denken Sie zuerst an die Kollegen, die in derselben Klassenstufe wie Sie lehren oder Ihre Fächer unterrichten.
Erstellen Sie eine Liste mit drei Kategorien:

1. Mit diesen Kollegen wünsche ich mir Teamarbeit.
2. Mit diesen Kollegen könnte ich zusammenarbeiten.
3. Mit diesen Kollegen ist eine Teamarbeit aus meiner Sicht absolut unmöglich.

Fachteams und Klassenteams

Grundsätzlich gibt es zwei unterschiedliche Modelle von Teamarbeit. Zum einen arbeiten Kollegen, die das gleiche Fach unterrichten, in sogenannten Fachteams zusammen, zum anderen kooperieren Kollegen, die in einer Klasse unterrichten, in Klassenteams. Natürlich sind beide Modelle auch miteinander kombinierbar. Voraussetzung dafür ist, dass der Klassenlehrer relativ viele Fächer in seiner Klasse selbst unterrichtet.

Klassenstufen- und Jahrgangsstufen-Teams

Die Großform der Teamarbeit ist die Arbeit in Klassenstufen- oder Jahrgangsstufen-Teams. Alle Lehrer einer Jahrgangsstufe treffen sich regelmäßig zur Planung und Unterrichtsvorbereitung sowie zur Vorbereitung besonderer klassenübergreifender Projekte und Exkursionen.

SOS-Tipp

Nicht jede Aufgabe und jedes Problem lässt sich in einer großen Gruppe lösen. Jahrgangsstufen-Teams müssen bei Bedarf Untergruppen bilden, um etwa Detailfragen zu lösen.

53 Besser telefonieren oder emailen?

„Da ruf ich mal schnell an, das haben wir gleich!" Stunden später, nachdem man alles besprochen hat, auch die Dinge, über die man eigentlich gar nicht reden wollte, legt man auf und dann trifft es einen wie aus heiterem Himmel: Was man eigentlich in Erfahrung bringen wollte, hat man vergessen zu fragen!

„Dem schreib ich schnell noch eine Mail." Tage später, genau dann, wenn man die angeforderte Information nun wirklich dringend bräuchte, fällt einem auf: Er hat gar nicht geantwortet!

Sicher zwei Extremsituationen – aber man kann deutlich sehen, dass es auf die richtige Wahl und den bewussten Einsatz des Mediums (Tipp 54, 55) ankommt.

› Tipp 54, 55

Wann also lieber telefonieren? Wann dagegen eher eine E-Mail schreiben? Eine klare Antwort, welches wann das passende Medium ist, gibt es nicht, aber schon kurzes Nachdenken darüber, was man eigentlich erreichen will oder wann man die Information benötigt, kann helfen, die richtige Wahl zu treffen und sich für das Medium zu entscheiden, das dem Zweck am dienlichsten ist.

Bewusst auswählen

Generell gilt Folgendes: Wenn Sie etwas besprechen wollen, Fragen haben, die vielleicht diskutiert werden müssen, eine Einschätzung benötigen, die vielleicht noch hinterfragt werden soll – wenn Sie sich also über etwas mit jemandem austauschen wollen – dann rufen Sie lieber an!

Dialog? Telefonat!

Achtung!

Überlegen Sie vor einem Telefonat, was Sie fragen oder besprechen wollen, schreiben Sie sich eine Liste und arbeiten Sie diese dann während des Gesprächs ab. Am Ende bleibt sicherlich auch noch etwas Raum für Smalltalk.

Wenn Sie nur eine klare, eindeutige Information brauchen, wie z. B.: „Wo stand das noch gleich, wie finde ich das im Internet, wann genau war noch die Konferenz …?", dann schreiben Sie besser eine E-Mail. Das geht zu jeder Zeit, auch wenn Ihr Gegenüber gerade gar nicht da ist oder es schon spät ist.

Information?
E-Mail!

SOS-Tipp

Legen Sie sich einen Ordner „Wiedervorlage" für unbeantwortete E-Mails an. Dann haben Sie immer den aktuellen Stand, welche E-Mails noch unbeantwortet sind, und können auch mal nachhaken.

Mit Kollegen chatten

54

Alle chatten. Ob ICQ oder Adium, iChat oder MSNmessenger – ohne diese Chat-Programme können die Schüler heute anscheinend nicht mehr leben. Aber auch für Lehrer kann diese neue Form der Kommunikation Sinn machen. Allerdings muss man erst einiges lernen – besonders, wenn einen Chat-Profis mit einer geballten Ladung seltsamer Abkürzungen bombardieren oder Wörter benutzen, die man zuerst überhaupt nicht versteht.

Eigene Sprache

SOS-Tipp

Kleine Übersetzungshilfe für Chat-Anfänger
noob = Newbie – Neuling, Anfänger
cu = see you – bis bald
N8 = gute Nacht
ihA = ich hasse Abkürzungen
IMHO = in my honest opinion – meiner Meinung nach
mom = Moment bitte
2L8 = too late – zu spät
PAW = parents are watching – Achtung, meine Eltern sind bei mir!

Direkt Kontakt aufnehmen

› Tipp 52

Besonders hilfreich ist es, wenn man per Chat eine schnelle Verbindung zu Kollegen herstellen kann, die sich gerade nicht im selben Gebäude oder Raum aufhalten (Tipp 52). Schnell sieht man im Chatroom nach, wer gerade online ist, und kann gezielt und schnell kommunizieren.
Via Chatprogramm können z. B. auch einzelne Dokumente, Bilder oder auch Musikstücke blitzschnell verschickt werden, die vielleicht dringend für die Unterrichtsvorbereitung benötigt werden (Tipp 56).

› Tipp 56

Um die Ecke gedacht

Wann immer Sie Informationen, Bilder, Dokumente oder Musik online bekommen, ob per Chat, als E-Mail oder direkt aus dem Internet: Achten Sie immer auf etwaige Ur-

heberechtsfragen. Klären Sie, ob Sie das Material auch im Unterricht nutzen dürfen. Nicht alles, was man im Internet findet und runterladen kann, darf auch automatisch frei genutzt werden.
Informationen zum Urheberrecht finden Sie im Internet unter www.vds-bildungsmedien.de.

Chat vs. E-Mail

Chatten ist einfach direkter und schneller als emailen. Man sieht schnell, ob ein Kollege online ist, und wenn ja, kann er direkt und sofort reagieren. Man selbst wiederum erhält damit sofort die Hilfe, die man benötigt.
Verschickt man eine E-Mail, weiß man nie, wann der Kollege sie wohl lesen wird und ob er überhaupt helfen kann. Manchmal lässt eine Antwort länger auf sich warten und erreicht einen dann oft zu spät.

Achtung!

Häufig lenken Chats schnell von etwas ab. Ein netter Flirt per Chat ist ja auch attraktiver als die Vorbereitung der nächsten Schulstunde (Tipp 31, 32). Stellen Sie Ihr Chatprogramm deshalb lieber auf „abwesend", wenn Sie nicht gestört werden wollen. Oder antworten Sie einfach nicht, wenn Sie Ihre Aufmerksamkeit gerade für etwas anderes brauchen.

› Tipp 31, 32

55 Beim Chatten Regeln einhalten

Chatten ist eine gute Erfindung: Man kann schnell und unkompliziert mit Kollegen Kontakt aufnehmen, wenn gewünscht, sogar mit mehreren gleichzeitig, und sich gegenseitig auf den neuesten Stand bringen oder sich auch einfach nur die Zeit vertreiben.

Kommunikationsfallen

Chatten birgt aber auch einige Fallen, wenn es um eindeutige Kommunikation geht.

Chat-Protokoll

Frank: Moin, Jens!

Jens: Hi, alte Socke!

Frank: Na, schon mit den Klausuren durch? 8-)

Jens: Bin gerade rein, Frank.

Frank: Hab meine noch nicht mal angefangen ...

Jens: War wieder Stau auf der Autobahn, Kühler läuft heiß, und dann kein Kaffee in Sicht ... :-(

Frank: Du, ich ..., warte mal kurz ...

Jens: Ne, die Klausuren müssen noch bis Samstag warten.

Jens: Hallo, noch da?

Frank: Was war mit deinem Wagen?

Jens: Ich hab aber ein ganz gutes Gefühl.

Frank: Wegen des Kühlers?

Jens: Hast du heut Abend Lust auf Kino?

Frank: jep :-)

Jens: Meine Frau ruft gerade, bis gleich. ,-)

Frank: Was läuft denn so?

Frank: Hast du auf was Bestimmtes Lust?

Frank: Wo steckst du denn?

Frank: Bist du am Rechner eingeschlafen? :´-(

Frank: Ich glaub, jetzt wird´s wohl nichts mehr mit Kino.

Frank: N8! :-O

Übersetzt heißt das: Die Kollegen wollen sich verabreden, um ins Kino zu gehen. Leider hat es nicht geklappt, denn ein Telefonat kam dazwischen und dann musste der eine Kollege zum Essen, der andere hat dann den ganzen Abend damit verbracht, auf Antwort zu warten ...

Eindeutige Kommunikation ist sowieso manchmal schon sehr schwierig – beim Chatten können die Probleme noch größer sein (Tipp 54): Beim privaten Chatten gelten nicht unbedingt bestimmte Regeln. Beim professionellen Austausch mit Kollegen oder auch Schülern sollten allerdings andere Maßstäbe gelten:

Chat-Regeln

› Tipp 54

- Vorher abwägen: Chatten oder doch besser kurz telefonieren?,
- Rechtschreibung beachten,
- sogenannte Emoticons nutzen, um gemachte Aussagen zu unterstützen,
- Text vor dem Absenden auf Fehler kontrollieren,
- den anderen ausreden lassen, auch wenn es manchmal etwas dauert: Nicht mittenrein antworten,
- Möglichkeiten des direkten Link- und Datenaustauschs nutzen,
- Chat aktiv beenden, auch wenn man nur kurz den Computer verlässt.

Fremde Ressourcen nutzen 56

Manchmal reicht es einfach nicht: keine Zeit, keine Energie, keine Idee (Tipp 32). Das geht jedem Lehrer früher oder später einmal so. Dennoch, die Schüler erwarten einen spannenden Unterricht. Was also tun?

› Tipp 32

Nicht alles selbst gestalten

Viele Aufgaben sind schon einmal durchgeführt und erledigt worden, vieles ist bereits nutzbar und steht zur Verfügung. Man muss sich nur eingestehen, dass man nicht alles selbst erfinden muss.

Sind also die eigenen Ressourcen gerade erschöpft, sollte man sich die der anderen zunutze machen. Das kann ganz unterschiedlich aussehen:

- Gibt es ein Video zum Thema?
- Gibt es ein Musikstück, das man gemeinsam anhören kann?

- Den Schülern wird die Stundengestaltung übertragen. Der Lehrer wird zum Moderator.
- An die Stelle des Unterrichts tritt eine Kurzarbeit.
- Besuch einer Ausstellung, einer Einrichtung oder einer Behörde anstelle von Unterricht im Klassenraum.
- Im schlimmsten Fall: Vertretung durch einen Kollegen.

Im Notfall: aktiven Part abgeben

Allen genannten Möglichkeiten liegt das gleiche Prinzip zugrunde: Andere Menschen übernehmen den eigenen aktiven Part ganz oder teilweise. Das soll natürlich nicht zur Gewohnheit werden, sondern nur als Möglichkeit verstanden werden, wenn einmal gar nichts mehr geht.

SOS-Tipp

Es ist nicht immer einfach, sich Schwächen oder Unvermögen einzugestehen. Sie müssen damit ja auch nicht gleich hausieren gehen. Behalten Sie den Hintergrund für Ihr Handeln doch einfach für sich. Verkaufen Sie den andersartigen Unterricht als Besonderheit.
Ihre Schüler werden es Ihnen sogar hoch anrechnen, wenn einmal etwas Unvorhergesehenes oder gar Außergewöhnliches passiert. Somit ein doppelter Gewinn: Sie sind entlastet und können zusätzlich noch bei Ihren Schülern punkten.

Um die Ecke gedacht

› Tipp 95

Grundsätzlich sollte man dauerhaft auf seinen Energiehaushalt achten. Nicht erst, wenn es eng wird. Versuchen Sie, Ihre Kräfte im Blick zu haben, um schon frühzeitig Energieknappheit zu erkennen (Tipp 95). Auf diese Weise können Sie leichter reagieren, und es wird Ihnen insgesamt besser gehen.

57

Wer eine gute Mannschaftsleistung erbringen will (Tipp 64), kommt nicht ohne einen guten Coach aus. Einer muss sagen, wo es lang geht und dazu immer wieder seine Erfahrung und sein Können einbringen. Das gilt nicht nur im Sport.

› Tipp 64

Anleitung von außen

Der Coach spielt eine wichtige Rolle beim Trainieren und Lernen. Wer besser werden will, braucht Anleitung von außen. Trotzdem kommt man als Lehrer selten auf die Idee, dass man auch als Einzelperson die Hilfe eines Coach oder eines Mentors in Anspruch nehmen könnte oder vielmehr sogar sollte.

Von der Erfahrung anderer profitieren

Es gibt viele Menschen, die im jeweiligen Berufsfeld wesentlich mehr Erfahrung, Können und Wissen haben als man selbst. Das ist nichts Schlimmes oder gar Erschreckendes, im Gegenteil. Eigentlich kann diese Tatsache eine große Entlastung bedeuten. Denn wenn es jemanden gibt, der weiß, wie es geht, der so etwas schon mal gemacht hat, der diese schwierige Situation kennt, dann kann man sich vorher Rat holen und erspart sich somit unter Umständen manch schmerzliche Erfahrung (Tipp 79).

› Tipp 79

Gleich mal ausprobieren

Bevor Sie sich auf die Suche nach einem Coach oder Mentor machen, schreiben Sie auf, in welchen Bereichen Sie Unterstützung benötigen, wo Sie besser werden, dazulernen und von der Erfahrung anderer profitieren wollen (Tipp 88). Das kann fachspezifisch sein, z. B.: „Ich will meinen Geschichtsunterricht interessanter gestalten", oder aber auch thematisch, z. B.: „Ich möchte an meinem Auftreten gegenüber der Klasse arbeiten." (Tipp 71).
Suchen Sie zunächst in Ihrem direkten Umfeld nach möglicher Unterstützung. Werden Sie hier nicht fündig, ziehen Sie die Kreise einfach weiter. Fragen Sie bei Kollegen oder auch an anderen Schulen nach dem Coach oder Mentor, den Sie suchen.

› Tipp 88

› Tipp 71

Achtung!

› Tipp 52, 58

> Haben Sie keine Angst, um Hilfe oder Unterstützung zu bitten. Alle Menschen, die im Berufsleben weiterkommen wollen, sind früher oder später auf Hilfe angewiesen. Lösen Sie sich vom „Da muss ich alleine durch"-Anspruch, und genießen Sie vielmehr die Möglichkeit, einfach mal nachzufragen bzw. Problemstellungen mit einem erfahrenen Menschen durchsprechen zu können (Tipp 52, 58).

58 Supervision einsetzen

Wenn Sie jemand fragen würde, in welchen Bereichen, Fächern, Angelegenheiten Sie umgehend „Nachhilfe" geben könnten, welche würden Sie nennen? Sie sind sich nicht sicher?

› Tipp 88

Manchmal fällt es schwer, die eigenen Fähigkeiten objektiv einzuschätzen (Tipp 88). In einigen Bereichen des Unterrichtsalltags fühlt man sich sehr gut, kompetent und vor allem auch sicher. In anderen ist man sich eher unsicher, fühlt sich unerfahren und manchmal auch alleingelassen.

› Tipp 25
› Tipp 52

Das ist nicht ungewöhnlich. Keiner ist perfekt, niemand Meister in allen Klassen (Tipp 25). Daher ist die gegenseitige Unterstützung in einer Gruppe ein lohnendes Mittel, um das Beste aus sich selbst herauszuholen (Tipp 52).

Erfahrungen austauschen

In sogenannten Erfahrungsaustauschgruppen oder Supervisions-Gruppen treffen sich Menschen, die am gleichen Thema oder an ähnlichen Fragestellungen arbeiten. Sie tauschen sich über die eigenen Erfahrungen mit anderen aus und profitieren dabei gleichzeitig von deren Erfahrungsschatz.

In solchen Gruppen können spezifische Probleme oder Angelegenheiten Einzelner besprochen werden. Dabei ist es von Vorteil, dass die anderen Gruppenmitglieder das Problem von außen betrachten können und so besser in der

Lage sind, Zusammenhänge und Besonderheiten zu entdecken, auf die man allein wahrscheinlich nicht gestoßen wäre (Tipp 80, 83).

› Tipp 80, 83

Genauso werden hier gemeinsame Themenkomplexe behandelt, zu denen jeder seine Fragen, Beiträge oder Antworten beisteuert, die schließlich in einen großen Pool von Inhalten münden.

Informationspool

Im Austausch mit anderen kann eben vieles einfacher bewältigt werden, als im Alleingang. Ob Recherche, Materialsammlung, Beurteilung von Fakten oder Erarbeitung von Lösungen. Die Kompetenz, aber auch die „Schwächen“ der Kollegen sind in jedem Fall hilfreich.

SOS-Tipp

Wenn Sie keine geeignete Gruppe finden, initiieren Sie doch selbst eine in dem Bereich, der Ihnen am Herzen liegt. Wenn Sie darauf warten, dass es andere tun, könnte es lange dauern. Vertrauen Sie darauf, dass es immer Interesse gibt, wenn einer den Anfang macht!

Aufgaben delegieren

59

Bei jeder Aufgabe, die man erledigen muss, sollte man sich fragen, ob man selbst dazu in der Lage ist bzw. wenn nicht, wer einem dabei helfen kann. Auch ein Lehrer kann nicht alles können (Tipp 25)!

› Tipp 25

Zunächst sollte man sich auf das konzentrieren, was man selbst besonders gut kann (Tipp 50, 58). Und die Kollegen? Sie würden sich sicher auch auf einigen Gebieten als Experten bezeichnen, und das sind in den meisten Fällen bestimmt nicht die Bereiche, in denen man sich selbst besonders sicher fühlt. Was liegt also näher und was ist effektiver, als sich gegenseitig zu unterstützen und Dinge, die man nicht kann, einfach an diejenigen, die sie beherrschen, zu

› Tipp 50, 58

Wer ist der Experte?

delegieren? Oft wird auch das Potenzial einer Lehrer-, Schüler- oder Elterngruppe unterschätzt:

- Eltern sind meistens sehr hilfsbereit, wenn man sie bei der Vorbereitung des Klassenfestes um einen Gefallen bittet. Man muss nicht selbst am Grill stehen, die Zapfanlage und die Nebelmaschine bedienen (Tipp 67).
- Schüler sind einem gerne dabei behilflich, zu erklären, wie ein mp3-Player funktioniert, und können das sogar in Form eines Referats ihren Mitschülern näherbringen.

› Tipp 67

Achtung!

Vor Kollegen, die alle Aufgaben immer nur von sich weisen, alles auf andere abschieben, an Elternsprechtagen plötzlich krank sind und auch sonst wenig Engagement zeigen, sollte man sich in Acht nehmen. In solch einem Fall kann man auch mal laut und deutlich Nein sagen (Tipp 62), wird man schon wieder um einen Gefallen gebeten. Das hat nichts mit fehlender Hilfsbereitschaft zu tun. Die fehlende Kollegialität geht eher von den „Drückebergern“ aus.

› Tipp 62

Gleich mal ausprobieren

Benennen Sie sieben Dinge, die Sie besonders gut können. Danach überlegen Sie sich sieben Dinge, die Ihnen überhaupt nicht liegen.
Denken Sie an diese Punkte, wenn es demnächst wieder um eine sinnvolle Aufgabenverteilung geht.

60 Gefahren des Delegierens entgegenwirken

Die Verantwortung für bestimmte Aufgaben können Sie als Lehrer nicht an Eltern, Schüler oder Kollegen delegieren (z. B. für eine Klassenfahrt) (Tipp 59). Gleichwohl können Sie für eine Aufgabe verantwortlich sein, ohne sich an deren Durchführung vom ersten bis zum letzten Punkt zu beteiligen. Grundsätzlich sprechen auf den ersten Blick sicherlich

› Tipp 59

einige Argumente gegen das Delegieren von Arbeiten. Aber diese lassen sich durchaus entkräften:

Warum delegieren?

- Sie delegieren nichts, weil Sie befürchten, dann über die Ausführung des Auftrags keine Kontrolle mehr zu haben? Bauen Sie immer genügend Sicherheiten ein, wenn Sie eine Aufgabe delegieren. Lassen Sie sich z. B. über Zwischenergebnisse informieren usw. So haben Sie zwar keine Kontrolle über den eigentlichen Lösungsweg, kennen aber das Ergebnis. Manchmal ist der Weg, den der Kollege einschlägt, ja vielleicht auch viel besser als der, den Sie sich vorgestellt haben (Tipp 56). › Tipp 56
- Sie denken, dass Sie der Einzige sind, der weiß, wie eine Aufgabe bewältigt werden kann?
  Ist das so? Dann trauen Sie anderen zur Abwechslung doch auch einmal etwas zu und fordern Sie sie heraus.
- Manchmal geht es schneller, wenn Sie eine Aufgabe selbst erledigen?
  Das mag zwar manchmal zutreffen, aber wenn Sie eine Aufgabe erst einmal übernommen haben, dann bleibt sie erfahrungsgemäß auch in Zukunft an Ihnen hängen.
- Wurde ein Projekt erfolgreich bewältigt, werden nicht Sie, sondern wird der andere dafür gelobt?
  In der Tat stehen nicht mehr Sie in der Mitte einer zu erledigenden Aufgabe. Aber ein bisschen weniger im Mittelpunkt zu stehen, ist manchmal ganz gut. Außerdem stimmt es doch: Wer eine Aufgabe übernimmt und sie dann gut erledigt, sollte das Lob ernten.
- Sie können Ihren Kollegen nicht noch mehr Aufgaben aufhalsen, weil diese schon genug damit zu tun haben, sich den ständig verändernden Anforderungen einer sich entwickelnden Schule anzupassen?
  Deshalb sollten Sie dennoch nicht Aufgaben übernehmen, die eigentlich auch anderen zuzumuten sind (Tipp 62). › Tipp 62 Aufgaben können auch so verteilt werden (Tipp 61), › Tipp 61 dass sie die Kreativität des Kollegiums herausfordern und vielleicht den einen oder anderen dazu befähigen, selbst weiterzukommen. Innovative Vorschläge und Ideen reizen viele zur Mitarbeit und setzen ungeahnte Energien frei.

- Den anderen fehlt der nötige Überblick, um eine Aufgabe bewältigen zu können?
  Dann sind Sie gefragt! Geben Sie so viele Informationen weiter wie möglich. Ein Kollege kann nur dann eine Aufgabe zu Ihrer Zufriedenheit erledigen, wenn er die Details kennt und außerdem weiß, wie Ihre Zielvorstellungen aussehen.
  Den Überblick über ein ganzes Projekt mit allen seinen Einzelheiten muss ein Kollege auch nicht haben. Viel wichtiger ist, dass Sie den Überblick behalten (Tipp 1) und wissen, wer welchen Teilbereich bearbeitet!

› Tipp 1

Achtung!

Wenn Sie zu viele Aufgaben delegieren, haben Sie nicht mehr die Möglichkeit, flexibel zu reagieren, weil zu viele Personen an einer Sache arbeiten.

61 Zuständigkeit klären

Wenn Sie meinen, dass Sie nie genug Zeit haben, einige Ihrer Kollegen aber nie genug Arbeit, dann ist es Zeit, etwas zu ändern. Grundsätzlich geht es darum, zu klären, wer für welche Aufgabe zuständig ist.
Das Problem liegt oft nicht in der Organisation der eigenen Zeit (Tipp 4, 37), sondern darin, wie Sie mit Aufgaben, die tagtäglich anfallen, umgehen. Es macht wenig Sinn, jede Aufgabe, die an Sie herangetragen wird, in einem Organisationsplan oder in Ihrem eigenen Zeitplan unterzubringen (Tipp 26, 59).

› Tipp 4, 37
› Tipp 26, 59

Oft genug gehen Sie als Lehrkraft über den Flur und werden von Kollegen, Schülern und vielleicht sogar Eltern angesprochen. Jeder hat Ihnen etwas Dringendes mitzuteilen (Tipp 40), hat eine Frage oder möchte einfach nur etwas loswerden.

› Tipp 40

Bislang lag die Aufgabe, die nun an Sie herangetragen wird, im Verantwortungsbereich Ihres Gesprächspartners. Nun kommt er nicht mehr weiter und bittet Sie um Unterstützung oder Mitarbeit, und sein Problem wird, indem Sie auf seine Fragen eingehen, vielleicht sogar Lösungsvorschläge machen, ungewollt zu Ihrem. Plötzlich sind Sie es, der sich Gedanken machen und eine Lösung finden muss. Der andere hat eine Aufgabe weniger, Sie haben eine Aufgabe mehr.

Verantwortungsbereich

Jede Aufgabe hat zwei Zuständige. Einen, der die Aufgabe erledigt, und einen, der die Aufgabe kontrolliert und überwacht. Vor dem Gespräch war der Kollege derjenige, der die Aufgabe zu erledigen hatte, nach dem Gespräch mussten Sie die Aufgabe erledigen. Er wurde damit zum Kontrolleur, Sie zum Arbeiter.

Erledigen oder kontrollieren?

Der Rollentausch hat stattgefunden, ohne dass es jemand bemerkt oder beabsichtigt hat. Auf einmal müssen Sie ein Problem lösen, von dem Sie, bevor Ihr Kollege auf Sie zukam, noch gar nichts wussten.

Rollentausch

Wenn Ihr versierter Kollege sich später wieder bei Ihnen erkundigt, wann er mit einem Ergebnis rechnen kann, tut er zwei Dinge, die eigentlich nicht seine Aufgabe sind:

1. Er kontrolliert Ihre Arbeit.
2. Er erwartet ein Ergebnis.

Gleich mal ausprobieren

Fragen Sie sich jedes Mal, wenn jemand mit einem Anliegen auf Sie zukommt, ob Sie das Problem zu Ihrem Problem machen wollen oder ob Sie dem anderen nur dabei helfen wollen, sein eigenes Problem zu lösen.
Sie können Ihren Kollegen aber auch ganz einfach bitten, Ihnen zwei oder drei verschiedene Lösungsvorschläge zu machen, um dann gemeinsam daran zu arbeiten, das Problem aus der Welt zu schaffen. Entweder war das Anliegen so bedeutungslos, dass der Kollege es allein in den Griff bekommt, oder Sie haben eine gute Grundlage, um gemeinsam das Problem zu bewältigen.

62 Nein sagen

Junge, engagierte Lehrer neigen leicht zu einer Ämterhäufung. Bereitwillig nehmen Sie viele Aufgaben an. Manchmal zu viele. Das hat verschiedene Ursachen.

Ämterhäufung

Zum einen ist es oft so, dass sich Berufsanfänger in ihrem Umfeld behaupten und beweisen müssen, z. B., wenn ihnen gegenüber mit Sätzen wie „Komm du erst mal in unser Alter" argumentiert wird. Zum anderen werden ihnen viele Aufgaben angetragen, weil man denkt, junge Lehrer sind belastbarer, schließlich kommen sie mit neuen Ideen von der Universität und haben noch mehr private Freiräume.

Berufsbedingte Erschöpfung

Erschreckenderweise ist jedoch gerade unter den jungen Lehrern die Quote derjenigen mit berufsbedingten Erschöpfungszuständen extrem hoch.

Was will man selbst?

› Tipp 88

Damit es erst gar nicht zu einer ungewollten Überlastung kommt, sollte man zuerst überlegen, für welche Arbeitsbereiche man besondere Fähigkeiten mitbringt (Tipp 88):

1. Wo liegen meine wirklich großen Begabungen?
2. In welchen Bereichen in der Schule möchte ich mich intensiv engagieren?
3. Welche schulischen Bereiche kommen für mich nicht in Frage?

Konsequent sein

Hat man erst einmal Antworten auf diese Fragen gefunden, kommt der wesentlich schwerere Teil der Übung: Nein zu sagen. Neinsagen muss geübt werden. Und scheint die Aufgabe noch so verlockend zu sein und der andere noch so nett zu lächeln und zu betteln: Nein sagen!

Klare Grenzen ziehen

› Tipp 50

Man muss sich ganz klar dort abgrenzen, wo man Aufgaben angetragen bekommt, die man nicht übernehmen möchte oder aus verschiedenen Gründen nicht übernehmen kann (Tipp 50). Oft hilft das Argument: „Die Aufgabe ist ja interessant und würde mir sicherlich auch Spaß machen. Ich könnte sie aber aufgrund meines Engagements an anderen Stellen weder zu meiner noch zu deiner Zufriedenheit erledigen."

Um die Ecke gedacht

Solange man sich tatsächlich in anderen Bereichen in der Schule engagiert, wird einem niemand ein Nein übel nehmen. Und eine klare Absage ist für beide Seiten einfacher als ein unklares „Ich kann es mir ja mal überlegen ..."

Rollen im Team klären

63

In jedem Team wie auch in jeder Schulklasse gibt es verschiedene Team-Mitglieder. Jeder hat seine eigenen Talente und nimmt schnell eine bestimmte Rolle wahr, denn jedes Team braucht unterschiedliche Fähigkeiten, um funktionieren zu können.

Die verschiedenen Positionen im Team können sein:

1. Alpha (α): Eine Person die gerne führt, die Richtung vorgibt und mit dem Ziel im Blick vorangeht (Leiter, Führer, Entscheider). — Der Entscheider
2. Beta (β): Eine Person, die das nötige Fachwissen hat und es gerne einbringt (Experte, Berater, Ideengeber). — Der Experte
3. Gamma (δ): Eine Person, die gerne mitmacht, Ideen und Richtungen mit aufnimmt und unterstützend tätig ist (Bewahrer, Nachfolger, Verlässlicher). — Der Verlässliche
4. Omega (Ω): Eine Person, die oppositionell ist, gerne widerspricht, manchmal bremst (Kritiker, Realist, Unbequemer). — Der Unbequeme

Jeder braucht jeden

Alle einzelnen Positionen brauchen einander, um im Team nach innen und außen erfolgreich arbeiten zu können. Der Entscheider (α) braucht den Realisten (Ω), um nicht über das Ziel hinaus zu schießen, und den Experten (β), um handlungsfähig zu bleiben. Der Verlässliche (δ) wird von allen benötigt, um eine kontinuierliche Arbeit zu gewährleisten. Kommt es zu Auseinandersetzungen, kann es sein, dass der Experte (β) die Führung übernimmt. Kippt das Team, kann auch der Unbequeme (Ω) zum Führer werden.

Gleich mal ausprobieren

Welche Rolle übernehmen Sie in einem Team? Denken Sie an die letzte Lehrerkonferenz. Wie waren die Rollen verteilt?

Um die Ecke gedacht

› Tipp 52

Arbeitet man mit Kollegen in Fach- oder Klassenteams (Tipp 52), so sollte man sich dieser Rollen bewusst sein und diese auch akzeptieren. Auf jeden Fall ist es wichtig, in einem offenen Gespräch abzuklären, wo sich jeder selbst sieht, um Konflikten vorzubeugen.

Rollenverteilung im Team

Team-Phasen meistern

64

Wenn man erst einmal weiß, welche Phasen Teams wie auch Klassengemeinschaften und Kollegien in ihrer Zusammenarbeit durchlaufen, dann kann man auch viel leichter mit ihnen umgehen und leben.
Die einzelnen Phasen können je nach Gruppendynamik unterschiedlich stark ausgeprägt sein – wie auch in der Natur: Die Pubertät wirkt sich bei jedem Schüler unterschiedlich stark aus. Genauso wenig können Teamphasen einfach übergangen werden, sondern müssen tatsächlich durchlebt werden.

1.Forming

Einander kennenlernen

Das Team findet sich zusammen, man kennt einander noch nicht. Die einzelnen Team-Mitglieder sind unsicher, müssen ihren Platz in der Gruppe erst finden. Es gibt kaum Kontakte zwischen den einzelnen Personen. Man kennt die Qualitäten und Macken der anderen noch nicht und versucht, sich gegenseitig abzuschätzen und einzustufen (Tipp 58). Auch die Aufgabe, die es gemeinsam zu bewältigen gibt, ist noch nebulös und unklar. In dieser Phase ist es für das Team wichtig, gut geführt zu werden.

› Tipp 58

2. Storming

Sich positionieren

Nach der ersten Schüchternheit sind die Teammitglieder nun sicherer geworden. Jeder versucht, sich einen möglichst guten oder passenden Platz zu erkämpfen – manchmal eben auch auf Kosten der anderen. Dabei kommt es selbstverständlich zu Reibereien. Nicht selten richten sich diese dann auch gegen die Führungsperson in der Gruppe (Tipp 63). Deren Qualitäten und Qualifikationen werden infrage gestellt. Es bilden sich Grüppchen, es kann zu einer Polarisierung kommen. Freunde und Feinde werden erkennbar.

› Tipp 63

3. Norming

Sich unterstützen

Die einzelnen Rollen im Team werden nach einer stürmischen Storming-Phase nun akzeptiert. Es ist klar, wer die

Tipp 41 Führungsposition innehat. Regeln (Tipp 41) und Rituale sind festgelegt. Die Team-Mitglieder fühlen sich füreinander verantwortlich, es entsteht ein Wir-Gefühl und man steht für einander ein. Kooperation und Kommunikation funktionieren (Tipp 52). Tipp 52

Sich bewähren

4. Performing

Das Team läuft zur Höchstform auf. Es arbeitet produktiv, weil alle aufeinander eingespielt sind. Kreativität wird freigesetzt. Man ist optimistisch und offen für Neues. Veränderungsvorschlägen wird offensiv begegnet, sie werden nicht als Bedrohung angesehen (Tipp 86). Das Team funktioniert reibungslos. Die Arbeit macht Spaß und ist erfolgreich. Tipp 86

Achtung!

Manche Teams zerbrechen bereits in der Storming-Phase. Geben Sie hier nicht auf! Denn Sie wissen ja: Probleme, die einen in dieser Phase noch ziemlich aus der Bahn werfen können, werden in der Performing-Phase plötzlich als Bereicherung empfunden und sind Ausgangspunkt für kreative Ideen (Tipp 32). Tipp 32

65 Aufgaben schrittweise lösen

Der Mensch wächst mit seinen Aufgaben – die Erfahrung haben sicher viele schon gemacht. Manchmal scheint die Anforderung dennoch einfach zu groß und dann ist Stress vorprogrammiert.

Erwartungsdruck

Eine Sitzung zu einem besonders schwierigen Thema muss vorbereitet werden. Es ist das erste Mal, dass man selbst dafür verantwortlich ist, und die Erwartungen sind hoch. Wie geht man am besten vor?

Viele Dinge müssen bedacht, vorbereitet und organisiert werden. Schnell macht sich ein Gefühl der Hilflosigkeit breit, die Aufgabe scheint erdrückend. Sicher, das ganze Paket ist schon recht schwer, und es in dieser Form allein zu bewältigen, scheint vielleicht sehr schwierig. Aber wie machen Sie es denn bei der Post, wenn das Paket zu groß wird oder zu schwer? Sie packen einfach zwei Pakete oder drei oder vier … Genauso können auch große Aufgaben gehandhabt werden (Tipp 78).

› Tipp 78

Gleich mal ausprobieren

Organisation eines Elternabends

Nehmen Sie den Elternabend auseinander und packen Sie ihn in viele kleine Pakete (Tipp 66):

› Tipp 66

- Termin festlegen, Einladung schreiben und verschicken (Tipp 67, 68),
- Raum organisieren und Beamer ausleihen,
- Getränke besorgen, eventuell kleine Snacks organisieren,
- PowerPoint-Präsentation zum Thema vorbereiten,
- Bücherliste für die Eltern erstellen – Beispiele mitnehmen,
- gegebenenfalls einen Experten für einen kurzen Vortrag einladen,
- Elternklassensprecher um Einleitung und Begrüßung der Teilnehmer bitten,
- zwei Personen vorab als Aufräumhelfer gewinnen,
- Protokoll schreiben und Gesprächsleitung weitergeben.

› Tipp 67, 68

Gesamtpaket:

Unterpaket	Termin	Helfer	Erledigt ✓

Die Organisation einer größeren Veranstaltung in kleinere Einheiten zu unterteilen, geht schnell und einfach. Jede Aufgabe kann nun individuell behandelt und erledigt werden, und Schritt für Schritt lässt sich das große Ganze plötzlich ohne Weiteres lösen.

SOS-Tipp

› Tipp 52

Und sollten Sie doch einmal nicht alles allein bewältigen können, fragen Sie, ob Ihnen jemand helfen kann. Dann geht es noch einfacher und Sie schaffen Ihre Aufgabenstellung ohne Probleme (Tipp 52).

Sitzungsarrangement genau planen

66

Bei einer Sitzung oder Elternversammlung muss nicht nur die Veranstaltung als solche, sondern das gesamte Arrangement stimmen. So hat man als Verantwortlicher weniger Stress und die Teilnehmer gehen mit einem guten Gefühl nach Hause.

Worauf muss bei einer Sitzung in der Schule geachtet werden?

1. Termin

› Tipp 67

Er muss so liegen, dass alle wichtigen Parteien problemlos teilnehmen können (Tipp 67).

Achtung!

Bei Elternversammlungen darauf achten, dass diese nicht zeitgleich mit einem wichtigen Sportereignis stattfinden.

2. Tagesordnung

› Tipp 68

Die Sitzungsinhalte müssen rechtzeitig bekanntgegeben werden (Tipp 68). Jeder Tagesordnungspunkt sollte mit dem maximalen Zeitbedarf versehen sein. Das ist wichtig für die Gesamtplanung. Zu treffende Beschlüsse sollten bereits in der Tagesordnung fett markiert werden.

3. **Uhrzeit**
   Sie sollte sich am Teilnehmerkreis orientieren.
4. **Sitzordnung**
   Sie muss effektiv sein. Ist ein Stuhlkreis oder eine Theaterbestuhlung angemessener?
5. **Pünktlichkeit**
   Unpünktliches Beginnen straft diejenigen, die rechtzeitig erschienen sind. Die „Zuspätkommer" werden belohnt.
6. **Absage**
   Sitzungen sollten nur stattfinden, wenn sie wirklich notwendig sind. Aber: Keine Sitzung zu kurzfristig absagen. Schließlich haben sich alle auf die Sitzung eingestellt und eventuell Termine dafür verschoben oder abgesagt.
7. **Sitzungsdauer**
   Die Sitzungsdauer sollte nicht unnötig verlängert werden. Wenn bei der Elternversammlung nach 45 Minuten alles gesagt ist, dann beschließt man die Sitzung. Niemand wird einem vorwerfen, dass sich die Teilnahme wegen der Kürze der Zeit nicht gelohnt hätte. Alle werden froh sein, früher nach Hause zu kommen.
8. **Sitzungsende**
   Es sollte geplant werden, wann die Sitzung enden soll. Diese Zeit sollte den Teilnehmern mitgeteilt werden. Eine Sitzung darf früher als geplant enden, aber nur mit wirklich sehr guten Argumenten längern dauern.

   SOS-Tipp

   Für einen besseren Überblick über die noch verbleibende Zeit kann ein „Time Timer" (Tipp 47) sorgen.

› Tipp 47

9. **Gesprächsleitung**
   Während der Sitzung nicht nach dem Motto verfahren „Es ist zwar bereits alles gesagt, aber noch nicht von allen!" (Tipp 75).

› Tipp 75

10. **Themenwahl**
    Dinge, die nur wenige oder einzelne Teilnehmer der Sitzung betreffen, sollten niemals in der großen Gruppe besprochen werden. So wird die Sitzung für alle übrigen Teilnehmer schnell langweilig.

11. Pausen

Nach spätestens 90 Minuten sollte eine Sitzung enden bzw. eine Pause eingelegt werden. Eine effektive Arbeit ist sonst nicht mehr möglich.

12. Sitzungsvorbereitung

› Tipp 70, 73, 76

Der Leiter der Sitzung ist für die effektive und erfolgreiche Durchführung der Sitzung verantwortlich und sollte sich deshalb immer gut vorbereiten (Tipp 70, 73, 76).

Gleich mal ausprobieren

› Tipp 52

Planen Sie Ihre nächste Elternversammlung mithilfe der beschriebenen Punkte und ziehen Sie nach der Sitzung Bilanz: Was hat gut geklappt? Was können Sie noch verbessern? Wo brauchen Sie vielleicht das nächste Mal Unterstützung (Tipp 52)?

67 Richtigen Wochentag wählen

› Tipp 66

Der Erfolg einer Sitzung, einer Konferenz oder einer Elternversammlung ist tatsächlich von der Wahl des richtigen Wochentags abhängig (Tipp 66).
Für eine Vielzahl von Veranstaltungen eignen sich Termine am Montag, am Freitag oder am Wochenende eher nicht und sollten vermieden werden.

Nie montags

Der Montag ist ungeeignet, weil

- bestimmte Veranstaltungen einer Vorbereitung bedürfen, die am Wochenende nicht zu realisieren ist;
- die Hinweise auf Veranstaltungen (z. B. mündliche Einladungen) vom vergangenen Freitag bis zum Montag vergessen werden könnten (Tipp 68);
- nach einem abwechslungsreichen Wochenende (Geburtstagsfeiern, Umzüge, Kurzreisen usw.) bei vielen der Wunsch besteht, am Montag wieder zur Normalität zurückzukehren. Dazu passt keine Veranstaltung „außer der Reihe“.

› Tipp 68

Der Freitag bietet sich aus naheliegenden Gründen ebenfalls eher nicht an:

Nie freitags

- Viele Schulveranstaltungen basieren, was die mitwirkenden Kollegen betrifft, auf dem Freiwilligkeitsprinzip. Ihnen damit noch das Wochenende zu verderben, ist kontraproduktiv.
- Die Zielgruppe der Veranstaltung hat eventuell gar keine Lust, den Freitagabend in der Schule statt auf der Party zu verbringen.
- Aufräumarbeiten müssten dann bei einer Vielzahl von Veranstaltungen am Wochenende stattfinden. Welcher Lehrer macht das freiwillig, welche Reinigungsfirma verlangt da nicht einen Wochenendzuschlag?

Achtung!

Wichtige Veranstaltungen, Sitzungen und Elternversammlungen führen Sie am besten dienstags, mittwochs oder donnerstags durch. Am Abend aber nur, sofern kein Champions-League-Spiel oder UEFA-Pokal-Spiel stattfindet.

Um die Ecke gedacht

Außerdem sollte man für die Wahl des richtigen Termins natürlich auch das noch bedenken: Städtische Festlichkeiten, bedeutende Jubiläen, Feiertage (auch religiöse Feiertage von Minderheiten), Ferienzeiten (auch die der Nachbarländer), Werksferien, große sportliche Ereignisse (Olympiade, Fußball-WM usw.), politische Ereignisse (z.B. Wahlen), Besuche hochrangiger Persönlichkeiten in der Stadt, periodische Veranstaltungen (Markt, Konzertreihen usw.), ähnliche Veranstaltungen anderer Schulen, die schon lange terminiert sind, usw.

68 Rechtzeitig über Tagesordnung informieren

Zu Sitzungen und Elternversammlungen sollte immer mindestens sieben Tage im Voraus eingeladen werden. So sieht es in der Regel auch der Gesetzgeber vor, denn auf diese Weise haben alle Teilnehmer ausreichend Zeit, sich auf die Sitzung oder die Elternversammlung vorzubereiten. Dank der Tagesordnung wissen sie, was auf sie zukommt.

› Tipp 67

Achtung!

Auch wenn Sie die schriftlichen Einladungen erst eine Woche vor dem Termin versenden, sollten Sie den Termin schon vorher langfristig absprechen bzw. mündlich bekanntgeben. Nicht alle Eltern oder Kollegen können sich immer kurzfristig auf Termine einstellen (Tipp 67). Fachkonferenzen, aber auch Elternversammlungen können eigentlich bereits zum Beginn des Schuljahres festgelegt werden.

Informationen rechtzeitig bereitstellen

Die Frist für die Vorbereitung ist vergebens, wenn zwar die Einladung rechtzeitig verteilt wurde, entscheidungsrelevante Unterlagen aber erst am Termin selbst erhältlich sind. Soll also z. B. über neue Leitlinien im Fachbereich entschieden werden, die von einer kleinen Gruppe vorbereitet wurden, müssen alle Mitglieder der Fachkonferenz diese bereits eine Woche vor der Sitzung haben. Ob sie die Unterlagen wirklich lesen, ist eine andere Sache. Zeit dazu hätten sie jedenfalls.

Achtung!

Es fällt immer schwer, Entscheidungen zu treffen, wenn man unvorbereitet damit konfrontiert wird. In der Regel wird ein Vorhaben oder eine Veränderung dann abgelehnt. Deshalb immer ohne Tischvorlagen arbeiten und die Sitzungsteilnehmer rechtzeitig sowie umfassend informieren.

Um die Ecke gedacht

Soll auf einer Elternversammlung über eine Klassenfahrt entschieden werden, so sollte auf der Einladung nicht nur der Tagesordnungspunkt „Entscheidung über die Klassenfahrt“ stehen, sondern möglichst die verschiedenen Optionen mit Preisen und Internet-Adressen benannt werden, damit sich jeder selbst ein Bild machen kann (Tipp 73).

› Tipp 73

Elterngespräche vorbereiten

69

Kommen die Erziehungsberechtigten z. B. während eines Elternsprechtags in die Schule, möchten sie nicht nur hören: „Ihre Tochter ist sehr freundlich und fleißig, sie könnte aber noch etwas intensiver im Unterricht mitarbeiten“ oder „Ihr Sohn unterhält sich während des Unterrichts in letzter Zeit ständig mit seiner Nachbarin, außerdem ist seine Hefterführung katastrophal.“ Deshalb ist eine gute Vorbereitung seitens der Lehrkraft sehr wichtig. Sie erspart unnötigen Stress während des Sprechtags.

SOS-Tipp

Für eine möglichst gezielte Vorbereitung ist es von Vorteil, wenn man schon im Vorfeld weiß, wessen Eltern zu einem Gespräch kommen. Machen Sie zwei Tage vor dem Sprechtag einfach eine kleine Umfrage in der Klasse.

Was Eltern wissen wollen

Die Punkte, über die man Eltern informieren sollte und für die sie sich meistens sehr interessieren, sind folgende:

1. Leistungsstand in den einzelnen Unterrichtsfächern
2. Verhalten und Mitarbeit im Unterricht
3. Fehlzeiten
4. Position in der Klassengemeinschaft (Tipp 63)
5. Verhältnis des Schülers zum Lehrer
6. Hausaufgaben (Quantität und Qualität)

› Tipp 63

7. Möglichkeiten, Wissenslücken zu schließen
8. Erzieherische Tipps und Ratschläge
9. Schullaufbahnberatung (Wiederholung, Schulwechsel, Abschlüsse …)

Gleich mal ausprobieren

Über welchen Schüler haben Sie sich heute besonders geärgert? Oder gefreut? Legen Sie eine kleine Tabelle an und tragen Sie zusammen, was Ihnen dazu einfällt. Machen Sie ein kleines Formular daraus, das Sie fortan für Elternsprechtage verwenden.

Schüler:	Klasse:	Datum:
Bereiche:	Bemerkungen:	
1. Leistungsstand in den einzelnen Unterrichtsfächern		
2. Verhalten und Mitarbeit im Unterricht		
3. Fehlzeiten		
usw.		

70 Sich auf den Gesprächspartner vorbereiten

Wenn ein schwieriges Gespräch geführt werden soll, z. B. mit den Eltern eines Schülers, der nicht versetzt werden wird, dann ist eine gründliche Gesprächsvorbereitung unumgänglich.

Gesprächsvorbereitung

Sie sollte folgende drei Bereiche umfassen:

1. **Beziehung zum Gesprächspartner**
   Überlegen Sie, welche Emotionen Sie in Bezug auf Ihren Gesprächspartner haben. Was fühlen Sie, wenn Sie an ihn denken? Ist er „Feind“ oder „Partner“?

Halten Sie für sich fest, über welches Thema Sie sprechen möchten. Gibt es vielleicht ein „heimliches" Thema (Tipp 77), das sich dahinter verbirgt? Müssten Sie z. B. eigentlich über einen konkreten Vorfall mit einem Schüler sprechen, aber Sie nervt sein gesamtes Verhalten schon seit Wochen?

› Tipp 77

Legen Sie für sich fest, was das Ziel des Gesprächs sein soll. Was wäre Ihr Maximal-Ziel, mit welchem Minimal-Ziel wären Sie zufrieden?

2. **Sich in den Gesprächspartner hineinversetzen**

   Versuchen Sie in der Vorbereitung, die Perspektive zu wechseln. Wie geht es vor dem Gespräch wohl Ihrem Gesprächspartner, wenn er an Sie denkt? Diese Frage ist sehr wichtig. Schließlich können Sie so herausfinden, wie er auf Sie und Ihre Anliegen reagieren wird.

   Worum geht es Ihrem Gesprächspartner eigentlich? Hat er das gleiche Thema wie Sie oder steckt eventuell auch ein „heimliches" Thema dahinter?

   Welches Ziel will er erreichen? Möchte er z. B. eine drohende Ordnungsmaßnahme abmildern?

3. **Gesprächsatmosphäre**

   Planen Sie den Gesprächsrahmen und überlegen Sie sich, wie unterschiedliche Situationen wirken könnten. Hierzu zählen Ort und Zeit, ob es vielleicht Getränke geben soll und wie Sie im Gespräch zueinander sitzen. Sitzt man sich gegenüber, so kann dieses Konfrontation bedeuten, sitzt man über Eck, so hat das Gespräch eher beratenden Charakter. Was sollte auf keinen Fall passieren?

SOS-Tipp

Schreiben Sie sich vor einem schwierigen Gespräch immer ein paar einleitende Sätze auf. Auch wenn Sie Ihre Notizen dann nicht benötigen, kann es helfen, die anfängliche Nervosität zu überwinden.

Sehr schwierige Gespräche können Sie mit einem Vertrauten vorher üben. So erhalten Sie Rückmeldungen zu Ihrem Verhalten und Ihren Reaktionen (Tipp 52, 57, 58).

› Tipp 52, 57, 58

Bei der Kleiderwahl auf die Farbe achten

71

Die Kollegen aus der Unterhaltungsbranche machen sich über fast nichts anderes Gedanken, aber in der Unterrichtungsbranche ist es ein eher unbedeutendes Thema: die richtige Kleidung.

Außenwirkung

Was trage ich wann, wo, wie und zu welchem Anlass? Das sind Fragen, die sich der eine oder andere schon stellen mag, aber macht man sich auch über die Wirkung des Farbtons Gedanken? Jede Farbe hat ihre eigene Wirkung. Nur leider denkt man in entscheidenden Situationen selten darüber nach.

› Tipp 73, 74
› Tipp 72

Wenn der Elternabend schwierig zu werden verspricht (Tipp 73, 74), man ein wichtiges Gespräch mit dem Chef führen muss (Tipp 72) oder aber auch einfach den Schülern gegenüber einen guten ersten Eindruck machen will, sollte man also nicht nur über die Art der Kleidung nachdenken, sondern eben auch über die Farben.

Farbwirkung

Berücksichtigt man den folgenden groben Überblick über Farbwirkungen, kann es einem gelingen, einen Gesprächsverlauf durch die entsprechende Farbwahl durchaus positiv zu beeinflussen:

Grün: eher altmodisch und unscheinbar, undynamisch und ohne visionäre Kraft.

Grau: professionell und ausgewogen, unauffällig.

Blau: betont Autorität und Kontrolle, aber eher dezent und im Hintergrund.

Rot: sehr auffallend und aktivierend, man weiß, was man will, und bekommt auch Anerkennung.

Weiß: unbeflecktes und reines Image, auffallend und progressiv.

Gelb: gefährlich, wirkt eher unseriös und leichtsinnig, aber auch anregend.

Braun: fördert das Vertrauen, wirkt aber auch unscheinbar und konservativ.

Orange: eher zu vermeiden, auch wenn es auffallend ist, wirkt unprofessionell.

Violett: eher diplomatisch und lösungsorientiert, signalisiert nicht nur starkes Selbstbewusstsein, sondern auch einen individuellen Charakter.
Rosa: lieber im Kleiderschrank lassen, wirkt eher mitleiderregend.
Schwarz: erzeugt Respekt und wirkt dominant, aber auch kommunikationshemmend.

Achtung!

Nichts überbewerten, was die Farbwahl angeht! Aber die richtige Mischung kann hilfreich sein. Allerdings: Wenn man mit seiner Meinung überzeugen möchte und einen Vorschlag durchsetzen will, sollte man das rosa Hemd eher hängen lassen und das grüne Kostüm vielleicht auch.

Gespräch mit dem Chef meistern

72

Sie wurden zu Ihrem Schulleiter zitiert, um ein Problem mit ihm zu besprechen: Es geht um Ihren Unterricht. Ihrem Chef liegt eine Beschwerde von Eltern vor.
Das ist natürlich grundsätzlich schon einmal nicht angenehm, noch dazu befinden Sie sich in der vermeintlich schwächeren Position.

Gesprächsvoraussetzungen

Grundsätzlich sollten Sie einige Dinge beherzigen, die dieses Gespräch positiv gestalten helfen und Ihnen bereits im Vorfeld den Stress etwas nehmen.
Generell gilt: Ihr Chef ist auch nur ein Mensch. Das ist die Grundvoraussetzung, von der Sie ausgehen sollten. Außerdem war Ihr Chef in seiner Anfangszeit als Lehrer bestimmt auch einmal in Ihrer Situation. Nur ob er sich daran erinnert?

Bereiten Sie sich also am besten gut auf das Gespräch vor (Tipp 70):

› Tipp 70

Geschehen rekapitulieren

1. Gehen Sie die beanstandete Situation noch einmal durch: Haben Sie irgendwo Fehler gemacht? Wenn ja, gestehen Sie sich diese Fehler ein. Kein Mensch ist unfehlbar. Jeder macht und jeder darf Fehler machen. Gestehen Sie diese auch im Gespräch uneingeschränkt ein. Das nimmt Ihrem Gegenüber den Wind aus den Segeln und wirkt sich positiv auf die Gesprächsatmosphäre aus.

Position der Gegenseite

2. Wenn Sie der Meinung sind, dass Sie alles richtig gemacht haben, versuchen Sie die Meinung der Gegenseite zu verstehen. Äußern Sie dieses Verständnis gegenüber Ihrem Chef unbedingt genauso unmissverständlich wie Ihre Entgegnungen oder Einwände.

Gesprächsziel

3. Überlegen Sie sich genau, welches Ziel Sie in diesem Gespräch verfolgen. Ist es die Rechtfertigung Ihrer Meinung? Ist es der Kompromiss, den es zu finden gilt? Ist es die Behebung der gemachten Fehler? Formulieren Sie dieses Ziel und versuchen Sie, das Gespräch von Ihrer Seite dahingehend auszurichten.

Emotionen zügeln

4. Entspannen Sie sich und versuchen Sie, alle Emotionen in ein extra Paket zu packen. Meistens helfen sie in einer sachlichen Auseinandersetzung nicht wirklich weiter. Je mehr es Ihnen gelingt, die Emotionen herauszuhalten, desto größer ist Ihre Chance auf ein entspanntes Gespräch unter Kollegen (Tipp 99).

› Tipp 99

Gleich mal ausprobieren

Nutzen Sie in einer entsprechenden Situation die Chance, das Gespräch zu beeinflussen, indem Sie die genannten Überlegungen anstellen und sich möglichst intensiv um Antworten bemühen, bevor Sie in dieses Gespräch gehen. Was Ihr Gesprächspartner tut, wissen Sie nicht, also seien Sie auf alles vorbereitet!

Unterschiedliche Meinungen vereinen

73

Es liegt in der Natur der Sache, dass bei einem Elternabend sehr viele verschiedene Meinungen aufeinandertreffen. Jeder Anwesende beansprucht dabei die Wahrheit und größte Kompetenz für sich.

Alle Eltern sind natürlich Experten, wenn es darum geht, wie man am besten unterrichtet, wie man am besten den Lehrplan umsetzt und wie man am besten mit den Schülern und Kindern im Allgemeinen umgeht.

Viele Expertenmeinungen

Insofern werden Sie immer Eltern treffen, die Sie und Ihre Arbeit loben – und genauso Eltern, die Ihnen eher weniger wohl gesonnen sind. Das ist normal und hat zunächst gar nichts mit Ihnen zu tun. Trotzdem muss man als Lehrer versuchen, alle diese Eltern mit ihren unterschiedlichen Ansichten und Meinungen in eine Richtung zu bewegen und das größte Maß an Übereinstimmung zu dem einen oder anderen Thema zu erzielen.

Übereinstimmung erzielen

Als Lehrer sollte man immer versuchen, sich in die Position der Eltern zu versetzen (Tipp 69, 70). Natürlich gehen diese ganz anders an die Sache heran: Sie haben nun einmal nur ein, zwei oder vielleicht drei Kinder – als Lehrer hat man aber 25 bis 35. Daher sollte man sich vor einem Elternabend stets Folgendes vergegenwärtigen:

› Tipp 69, 70

Elternperspektive vergegenwärtigen

- Eltern lieben ihre Kinder und wollen nur das Beste für sie. Aus dieser emotionalen Bindung heraus ist es oft schwer, auf eine sachliche Ebene zu kommen. Berücksichtigen Sie das in der Auseinandersetzung.
- Eltern interessieren sich kaum für den Lehrplan. Im Zweifel finden sie diesen sowieso einfach blöd und unsinnig. Daher wird das Argument „Der Lehrplan sagt aber …" immer Ihr schwächstes sein.
- Eltern können die Klassengemeinschaft und die sich daraus ergebenden Schwierigkeiten oder Zusammenhänge oft nicht nachvollziehen (Tipp 63, 64). Sie erleben nur ihre eigenen Kinder und eventuell mal einige Freunde

› Tipp 63, 64

ihrer Kinder. Das meistens aber auch nur sehr subjektiv. Verlangen Sie also nicht zu viel Einfühlungsvermögen aufseiten der Eltern.

- Eltern waren auch mal in der Schule – aber das ist meistens 20 oder 30 Jahre her. Damals war – sowieso – alles anders und vielleicht sogar besser.
  Versuchen Sie erst gar nicht, dagegen zu argumentieren – in den meisten Fällen werden Sie scheitern. Stellen Sie einfach sachlich fest, dass man nun im 21. Jahrhundert lebt und die Zeiten sich geändert haben. Das ist nämlich schlicht Fakt.
- Versuchen Sie immer zuerst die Grundstimmung eines Elterabends oder sonstigen Treffens einzufangen. Hören Sie erst einmal zu (Tipp 74), bevor Sie Ihre Sicht darstellen. So können Sie sich besser auf die vorgebrachten Argumente einstellen und angemessen reagieren (Tipp 75, 76). Wenn Sie gleich mit der Tür ins Haus fallen und Ihre Ansichten als die alleingültigen durchsetzen wollen, werden die Eltern Sie von vornherein ablehnen.

› Tipp 74

› Tipp 75, 76

Achtung!

Versuchen Sie, sich selbst während des Treffens treu zu bleiben. Geben Sie den Eltern zu verstehen, dass Ihnen klar ist, dass sie es gut meinen, aber geben Sie ihnen auch zu verstehen, dass Sie nun einmal der Experte sind, wenn es um schulische Belange geht.

74 Schweigen und zuhören

„Wissen spricht, Weisheit hört zu.“
(Jimi Hendrix)

Es scheint nicht die primäre Aufgabe eines Lehrers zu sein, aber vielleicht ist es eine durchaus wichtige: schweigen und zuhören. Viel zu sehr stehen Vortrag, Vorführung und Anleitung, steht die aktive Lehrtätigkeit im Vordergrund – da kommt das Schweigen und damit erst recht das Zuhören viel zu kurz.

Neue Informationen

Doch nur wer zuhören kann, hat die Chance zu erfahren, was sein Gegenüber zum Ausdruck bringen möchte. Manch interessante Information erhält man eben nur, wenn man nicht unterbricht, sondern einfach zuhört und auch ein Ohr für die Aussagen zwischen den Zeilen hat.
Gelegentlich ist es eben besser, sich einfach jeglichen Kommentars zu enthalten, nicht über Thema oder Inhalt des Gesprächs nachzudenken, sondern einfach nur zuzuhören und daraus zu lernen. Ein Lehrer vermittelt zwar Wissen, aber er sollte auch ein wenig Weisheit mitbringen …

Gleich mal ausprobieren

Geben Sie der Klasse eine Fragestellung vor – egal aus welchem Bereich –, und dann hören Sie mal eine ganze Stunde lang nur zu. Halten Sie sich mit Ihrer Meinung zurück, verzichten Sie auf Widerrede, lassen Sie ausschließlich die Schüler zu Wort kommen, ganz egal, was diese Ihnen dabei präsentieren werden.
Versuchen Sie einfach, sich nur auf die Aussagen der Schüler zu konzentrieren, zuzuhören, das Gesagte aufzunehmen und es zu behalten.
Sie werden schnell feststellen, dass das eine sehr schwierige Aufgabe ist, die sich vielleicht nicht immer hundertprozentig umsetzen lässt. Aber Sie werden merken, wie viele Informationen Sie plötzlich erhalten. Wenn Sie dann auch noch hier und da auf Ihre Schüler hören – weil Sie sie ernst nehmen und Ihnen ihre Meinung wichtig ist –, dann kann echte Kommunikation in Gang kommen.

Achtung!

Hören Sie nicht nur Ihren Schülern, sondern auch denen zu, die mehr wissen als Sie, den älteren Kollegen, den Experten eines Fachgebiets. Zuhören hilft auch, den eigenen Horizont ständig zu erweitern (Tipp 57, 58).

› Tipp 57, 58

Vielredner stoppen

75

Sie können zum Horror jeder Sitzung und Besprechung werden. Sie können alles Erreichte zerstören. Sie können bewirken, dass alle mit schlechter Laune eine Sitzung verlassen, und sie können einem das Gefühl vermitteln, nichts geschafft oder erreicht zu haben: die Vielredner.

Jetzt rede ich!

Sie reden gerne, sie reden lang und merken dabei nicht, dass ihnen keiner mehr zuhört. Sie machen einfach weiter. Sie wiederholen alles, was schon gesagt wurde, nur eben noch nicht von ihnen, und graben Probleme aus, die schon längst behoben waren.

Einhalt gebieten

Aber wie gebietet man diesen Menschen Einhalt? Es gibt drei Möglichkeiten:

1. Unterbrechen

Sie werden denken, das ist unhöflich? Ist es nicht. Unhöflich ist es, minutenlang niemand anderen zu Wort kommen zu lassen. Die direkteste Art des Unterbrechens ist: „Halt. Jetzt reicht es. Ich möchte auch nochmal etwas sagen."

Die zweite Möglichkeit, jemanden zu unterbrechen, besteht darin, ein Wort des Vielredners aufzuschnappen und damit einzuhaken: „Ja, das wollte ich auch gerade sagen, ich denke jedoch, ...".

SOS-Tipp

Notfalls unterbrechen Sie Ihr Gegenüber mit einer etwas lauteren Stimme, so unterbricht er vielleicht kurz seinen Redeschwall, allein schon weil er erschrickt.

2. Körpersignale senden

› Tipp 43

Diese Möglichkeit ist teilweise etwas subtiler, selten aber weniger deutlich (Tipp 43). Fangen Sie an zu gähnen, schauen Sie aus dem Fenster, blättern Sie lustlos in den Unterlagen oder blicken Sie auf Ihre Uhr.

Eventuell nimmt Ihr Gegenüber die Signale nur unterbewusst wahr und beendet seine Ansprache, es kann aber auch sein, dass er sie sehr bewusst wahrnimmt und plötzlich merkt, wie viel er schon gesagt hat. Das ist auch in Ordnung.

Achtung!

Blicken Sie dem Vielredner nie direkt in die Augen, denn das signalisiert Interesse.

3. Den Vielredner ertragen

Wenn es wirklich absolut unmöglich ist, diese Person zu unterbrechen, z. B. weil es sich um den Schulleiter oder den Schulrat handelt, dann muss man den Vielredner wohl ertragen und hoffen, dass man nie so wird wie er.

Um die Ecke gedacht

Manchmal merkt man gar nicht, dass man selbst der Vielredner ist.
Schon ab einem Redebeitrag von mehr als 30 Sekunden hört Ihnen keiner mehr zu. Schüler schalten ab, Kollegen denken an die nächste Unterrichtsstunde und Eltern an die gemütliche Runde im Lokal im Anschluss an die Elternversammlung. Deshalb: Wenn Sie zu den Vielrednern gehören, dann ändern Sie Ihr Verhalten lieber!

76 Auf Totschlagargumente vorbereitet sein

Als Totschlagargumente schlechthin gelten z. B.: „Das machen alle anderen Schulen schon seit langem so …" und „Wir sind die letzten, die das noch nicht machen …". Wenn man nicht komplett den Anschluss verlieren möchte, muss man also zustimmen.

„Das machen doch alle so."

Gerne verweisen Diskussionsteilnehmer auch auf Untersuchungen und Aussagen von hochrangigen Wissenschaftlern oder Politikern. Auch die Aussage „In Amerika …" oder, seit PISA, „Im finnischen Schulsystem …" macht Eindruck.

Oft versuchen Eltern oder Kollegen, mit Argumenten zu überzeugen, die keinerlei Widerspruch dulden. Auf diese Totschlagargumente und Verhaltensweisen in Diskussionen kann man sich vorbereiten, wenn man sie kennt:

Vorgehensweise der Vielredner

- Manche schaffen sich Verbündete, indem sie im Vorfeld der Diskussion persönliche Beziehungen zu den potentiellen Feinden aufbauen. Diese werden einem in einer Diskussion kaum noch schlecht gesonnen sein.
- Andere schaffen sich Verbündete, indem sie diese in unwichtigen Aspekten unterstützen und somit moralisch dazu verpflichten, sie selbst auch zu unterstützen.
- Wenn man den anderen dazu bringt, bei Nichtigkeiten zuzustimmen, und dann die Forderungen immer weiter erhöht, wird dieser aus Angst vor einem Gesichtsverlust auch dazu nicht mehr Nein sagen.
- Wenn man an die Menschlichkeit appelliert, wird der andere sich kaum verweigern können und muss zustimmen.
- „Im Moment könnten die Chancen nicht besser sein, mit diesem Vorhaben zu beginnen …" Wenn man das Gefühl hat, ein besonders gutes Schnäppchen zu machen, schlägt man gerne zu.
- Wird ein Argument besonders oft in aller Ruhe, mit Beharrlichkeit und Sachlichkeit wiederholt, wird es auch irgendwann akzeptiert werden.
- Wirft man dem anderen Manipulationsversuche vor und kann diese mit Beispielen belegen, so steht man schnell selbst auf der besseren Seite (vorausgesetzt, der Gegner hat die Manipulationsversuche von einem selbst nicht mitgeschrieben …).
- In der Diskussion bringt man sein bestes Argument (wie im Vortrag) zum Schluss. So bleibt es dem Publikum am besten im Gedächtnis. Fragt man permanent nach den Argumenten des Gegners (und widerlegt diese), hat dieser irgendwann keine mehr. Erst dann bringt man sein eigenes (vielleicht einziges) Argument.

Probleme nicht nur oberflächlich betrachten

77

Wird man von Eltern, Schülern oder Kollegen mit einem Problem konfrontiert, so sollte man stets an den Eisberg denken, denn Probleme und Eisberge haben oft eines gemeinsam: Oberflächlich betrachtet, erscheinen sie klein und unproblematisch. Geht man aber in die Tiefe, ist man über die sich dort offenbarende Größe oft überrascht.

Genau hinsehen

Um die Ecke gedacht

Messungen haben ergeben, dass ein Eisberg meistens nur etwa zehn Prozent seiner wahren Größe oberhalb der Wasseroberfläche zeigt.

Erscheint die Lösung eines Problems also auch auf den ersten Blick unproblematisch, so sollte man dennoch, bevor man vorschnell handelt, innehalten und hinterfragen, ob nicht doch mehr dahinter steckt, und mit der Entscheidung besser bis zum nächsten Tag warten.

Nicht vorschnell handeln

Achtung!

Verschieben Sie allerdings permanent alle Probleme (Tipp 84), in der Hoffnung, dass sie sich dann von allein lösen, so stellt sich Ihnen bald ein weiteres Problem: Sie kommen in den Ruf, Probleme nicht angehen zu wollen und sich lieber darum zu drücken, als sie aus der Welt zu schaffen.

› Tipp 84

SOS-Tipp

Bei manchen Problemen ist dagegen eine schnelle Lösung unumgänglich. Bedenken Sie dennoch: Keine Entscheidung muss *sofort* getroffen werden. Ist Eile geboten, lohnt es sich immer, im Stillen einmal bis fünf zu zählen, kurz nachzudenken und erst dann eine Entscheidung herbeizuführen (Tipp 12).

› Tipp 12

Gleich mal ausprobieren

Hinterfragen Sie beim nächsten Problem, das es zu lösen gilt, welche Probleme sich noch dahinter verbergen könnten. Achten Sie aber grundsätzlich darauf, dass Sie nicht grundlos zum Problematisieren neigen und irgendwann aus jeder Mücke einen Elefanten machen. Manchmal steckt hinter einem Problem auch absolut gar nichts. Dann sollte man sich einfach um eine Lösung bemühen, und alles ist wieder in Ordnung (Tipp 80).

› Tipp 80

Problemaspekte einzeln betrachten

78

Die Arbeiten müssen noch korrigiert, die nächsten Stunden noch vorbereitet werden, das Problem mit einem Kollegen zerrt an den Nerven und eine Schülerin bereitet Kopfzerbrechen. Zusammengefasst könnte man auch sagen: „Ich habe momentan wirklich Probleme in der Schule, nichts läuft wie es soll ..."

Problem in Einzelteile zerlegen

Oft steht man vor dem berühmten Knäuel von Problemen, die alle miteinander verknüpft scheinen, sodass man gar nicht weiß, wo man eigentlich anfangen soll. Klar ist, dass alles mit der Schule zu tun hat, alles mit dem Job – aber die einzelnen Probleme haben nicht zwingend alle auch miteinander zu tun. Betrachtet man einmal jedes für sich, sind sie wahrscheinlich auch gar nicht so schwerwiegend (Tipp 65).

› Tipp 65

Tatsache ist, dass das Entwirren von einem Wollknäuel oft viel schwieriger ist als das Entzerren von Problemkomplexen. Das Wollknäuel soll am Ende immer noch ein Faden sein. Man kann es nicht mal kurz auseinandernehmen und dann wieder zusammenknoten. Doch mit Problemkomplexen ist genau das in den meisten Fällen möglich – ein entscheidender Vorteil, den man sich tunlichst zunutze machen sollte.

Gleich mal ausprobieren

Nehmen Sie sich ausreichend Karteikarten und schreiben Sie auf jede Karte einen Aspekt oder Teilbereich Ihres „Wollknäuels". Egal wie viele Karten am Ende herauskommen – schreiben Sie *alles* auf. So können Sie nichts mehr vergessen und alles wird differenziert festgehalten.
Nun strukturieren Sie das Karten-Paket: Die kleinen und vielleicht eher unwichtigen Probleme legen Sie erst einmal beiseite. Die anderen bringen Sie in eine Reihenfolge, die machbar und sinnvoll erscheint. Vielleicht ergibt sich daraus schon ein möglicher Lösungsweg?
Auch wenn Sie bereits auf dem Lösungsweg sind, können Sie diesen Vorgang beliebig oft wiederholen. Alle Karten zusammennehmen, eventuell neue Aspekte ergänzen, aussortieren und in eine Reihenfolge bringen. Sie brauchen sich dabei nicht unbedingt an die einmal gewählte Reihenfolge zu halten, etwas Dynamik kann nicht schaden und Flexibilität ist oft hilfreich. Es geht um die grobe Richtung und darum, dass nichts vergessen wird (Tipp 7, 30)

› Tipp 7, 30

Problemaspekte neu ordnen

Das Entzerren der verschiedenen Problemaspekte und das Ordnen in eine neue Reihenfolge bilden die Grundlage für eine gute Lösungsarbeit. Gleichzeitig sind sie Ausgangspunkt für die Annäherung an das Problem und den anschließenden Umgang mit diesem.

79 Lösungen nicht erzwingen

Es muss doch möglich sein, irgendwie muss das doch klappen mit dem Ausdrucken. Das letzte Mal hat es doch auch funktioniert. Warum jetzt nicht? Warum wird die Grafik nicht, wie man sie haben will? Warum lässt sich das Foto nicht in die PowerPoint-Präsentation einbauen?
Man versucht es immer wieder, aber es will einfach nicht gelingen, und man fängt an, an sich selbst zu zweifeln.

Ungelöstes Problem einfach mal beiseitelegen

Alles ganz normal! Jetzt bloß nicht aufgeben! Wenn etwas nicht klappt, sollte man es stets noch einmal versuchen, vorher jedoch vielleicht den Rat eines Kollegen einholen. Stellt sich dennoch kein Erfolg ein, legt man das Problem zunächst beiseite und widmet sich etwas anderem.

› Tipp 1

Erst nach geraumer Zeit, wenn der Ärger verflogen, der Kopf wieder frei (Tipp 1) und vielleicht auch ein Tag vergangen ist, widmet man sich erneut dem ungelösten Problem. Keiner weiß wirklich warum, aber in den meisten Fällen kommt man nun schnell ans Ziel.

Achtung!

Auch wenn es frustrierend sein mag, nicht gleich beim ersten Anlauf ans Ziel zu kommen – es macht keinen Sinn, Lösungen zu erzwingen. Das Ergebnis ist selten zufriedenstellend und erzeugt häufig jede Menge Frust und Ärger.

Gleich mal ausprobieren

Liegenlassen bedeutet *nicht* weglegen und vergessen! Sie wollen das Problem ja lösen.
Am besten, Sie notieren sich die Aufgabenstellung und entwickeln einen Zeitplan, wann Sie sich erneut um eine Lösung bemühen wollen. Setzen Sie sich eine Frist und zögern Sie nicht, einen Kollegen um Rat zu fragen.
Es gibt eine Lösung – nur manchmal sieht sie vielleicht anders aus, als Sie denken (Tipp 80)!

› Tipp 80

80 Jedes Problem kann gelöst werden

› Tipp 73

Natürlich kommt man immer wieder an den Punkt, an dem man meint, ein Problem sei schlicht unlösbar: Der Konflikt zweier Schülerinnen untereinander, die Kompromissfindung in der Elternversammlung (Tipp 73), der Streit mit einem Kollegen – alles Probleme, die manchmal unlösbar erscheinen und doch alle lösbar sind!

Entscheidend ist, wie man sich dem Problem nähert – und was man als potentielle Lösung in Betracht zieht.
Beispiel: der Gordische Knoten. Ihn tatsächlich aufzulösen ist wohl keinem gelungen. Also unlösbar? Nein! Alexander der Große sah einfach einen anderen Lösungsansatz: Er schlug den Knoten durch. Aufgabe gelöst!

Alternative Lösungen

Oft werden die gegebenen Lösungsmöglichkeiten durch einen begrenzten Blickwinkel eingeschränkt. Eine Lösung des Problems fällt somit schwer. Aber wie vergrößert man den eigenen Blickwinkel (Tipp 83)?
Zuerst kann es hilfreich sein, sich von den erwarteten oder vermeintlich vorgegebenen Lösungsmöglichkeiten zu lösen und stattdessen bewusst nach einem anderen Ansatz zu suchen (Tipp 79). Es geht darum, auch das Ungewöhnliche, vielleicht sogar Unmögliche, das Komische, das Entgegengesetzte usw. mit ins Kalkül zu ziehen. Automatisch weitet sich der Blick und man hat neue, vielleicht bessere und in jedem Fall alternative Lösungsmöglichkeiten zur Hand.

Blickwinkel verändern

› Tipp 83

› Tipp 79

Gleich mal ausprobieren

Zwei Schülerinnen haben dauernd Streit miteinander – die einzige Lösung scheint darin zu bestehen, dass sie sich vertragen. Was könnte eine weitere Lösung sein? Man lässt sie weiter streiten. Wo steht geschrieben, dass man mit allen Menschen gut auskommen muss? Nur sollten die zwei den Unterricht nicht stören, aber das kann man regeln. Eventuell könnte auch eine von beiden die Klasse wechseln.
Ziehen Sie viele Möglichkeiten in Betracht. Denken Sie in alle Richtungen und Sie werden eine Lösung finden!

Achtung!

Wichtig ist, stets daran zu glauben, dass es irgendwo eine Lösung geben wird – man muss sie eben nur finden (Tipp 6, 85). Ansonsten sollte man gar nicht erst anfangen, nach Lösungen zu suchen. Es wäre verlorene Zeit, denn das Ergebnis stünde schon vorher fest: unlösbar.

› Tipp 6, 85

81 Sich auf den Umgang mit Konflikten vorbereiten

Keiner mag sie, aber ohne sie geht es anscheinend nicht: Konflikte.

Obwohl man eigentlich einfach nur seinen Unterricht halten möchte, sind Konflikte gerade in der Schule an der Tagesordnung und müssen gelöst werden.

Häufig ist keine Zeit, sich intensiv auf den Konflikt selbst vorzubereiten. Konflikte lassen sich eben nicht planen, sondern entwickeln sich, z. B. innerhalb einer Klasse, oft ganz spontan und erfordern eine ebenso spontane Lösung.

Aber zumindest auf den generellen Umgang mit Konflikten kann man sich vorbereiten und damit den Weg für eine gute Lösung im Einzelfall ebnen.

Ziel der Konfliktlösung

› Tipp 85

Zuerst sollte man sich überlegen, was man mit der Lösung eines Konflikts grundsätzlich eigentlich erreichen will (Tipp 85). Was soll dabei herauskommen? Das hilft, Fehler als Reaktion auf einen Konflikt zu vermeiden, und gleichzeitig gibt es einem eine gute Position während der Konfliktlösung. Man läuft nicht Gefahr, nur spontan und unüberlegt zu reagieren. Dennoch kann man, auch mit einem klaren Ziel vor Augen, flexibel agieren und dem Gegenüber Gehör schenken (Tipp 74). Trotzdem behält man selbst die Kontrolle und kann den Kurs bestimmen.

› Tipp 74

Achtung!

Natürlich ist eine gute Vorbereitung im Umgang mit einem Konflikt noch keine Garantie, dass die Lösung den eigenen Vorstellungen entspricht, aber man kommt der Wunschlösung mit Sicherheit sehr nah.

Gleich mal ausprobieren

Sie haben ein schwieriges Thema im Unterricht behandelt und einige Eltern sind damit nicht einverstanden. Es gibt direkte und indirekte Kritik und den Versuch der Einmischung seitens der Eltern. Wie geht man damit um?

1. Man entschuldigt sich bei den Eltern und verspricht, dass man in Zukunft die Themen vorher mit den Eltern absprechen wird.
2. Man ignoriert die Eltern mit dem Wissen, dass das Thema Teil des Lehrplans und somit die Meinung der Eltern irrelevant ist.
3. Man will weiterhin in gutem Kontakt mit den Eltern stehen, obwohl man weiß, dass die Eltern hier falsch liegen. Deshalb veranstaltet man einen außerplanmäßigen Elternabend, mit dem Ziel, die Eltern zu informieren und ihre Bedenken anzuhören. Man hofft, dass sich die Aufregung dadurch wieder legt und man in Zukunft wieder unbehelligt arbeiten kann (Tipp 70, 73, 82).

› Tipp 70, 73, 82

Welche Lösung würden Sie bevorzugen? Entscheidet man sich für die erste oder zweite, hat man den Konflikt vielleicht schnell gelöst, aber sicher nicht im Sinne eines guten Unterrichts oder gar zugunsten der Schüler.

Konflikte zeitnah lösen

82

Auch wenn manchmal vorgeschlagen wird, Probleme mit Schülern oder Eltern mit Ruhe und Gelassenheit anzugehen und lieber eine Nacht darüber zu schlafen (Tipp 77) als überstürzt zu handeln, ist es kein Widerspruch, wenn es in diesem Tipp nun heißt, dass Probleme und Konflikte zeitnah angegangen werden müssen.

› Tipp 77

Hier geht es vielmehr darum: Schiebt man Konflikte zu lange vor sich her, macht eine Lösung irgendwann keinen Sinn mehr, da sich niemand mehr an die Details des Konflikts erinnern kann. Die Wogen haben sich geglättet, und es hat sich stillschweigend von selbst eine Lösung ergeben.

Daher gilt bei Konflikten die eiserne Regel:
Entweder werden Konflikte zeitnah gelöst
oder man lernt aus ihnen.

Lehre ziehen

Sind nach einer verbalen Auseinandersetzung also bereits ein paar Tage oder vielleicht sogar Wochen vergangen, bleibt einem nichts weiter übrig, als für sich aus dem Streit zu lernen und in Zukunft anders zu handeln bzw. anders zu reagieren: Ist man z. B. ausfallend geworden, sollte man sich bei seinem Kontrahenten entschuldigen, und die Sache ist damit vergessen.

Gleich mal ausprobieren

Hatten Sie schon einmal eine richtig harte, verbale Auseinandersetzung mit einem Elternteil? Erinnern Sie sich an eine Situation, in der die eine oder die andere Seite irgendwann erbost den Telefonhörer einfach aufgelegt hat? Was ist aus dieser Situation geworden?

- Haben Sie sich richtig verhalten und die Sache schnell aus der Welt geräumt?
- Hätten Sie sich eigentlich anders verhalten sollen und taten es trotzdem nicht? Warum?

Wenn Sie noch einmal in so eine Situation kommen: Wie würden Sie sich jetzt verhalten?

› Tipp 69, 70

Geraten Sie z. B. als Lehrer mit dem Elternteil eines Schülers aneinander und es kommt zu einer lautstarken Auseinandersetzung, so sollten Sie immer versuchen, wenn Sie sich beide wieder etwas beruhigt haben, den Konflikt unmittelbar aufzuarbeiten (Tipp 69, 70).

SOS-Tipp

› Tipp 99

Oft ärgert man sich im Nachhinein über sein Verhalten in angespannten Situationen. Darin unterscheiden sich erfahrene Lehrer nicht von Berufsanfängern. Versuchen Sie einfach mit der Zeit gelassener mit solchen Situationen umzugehen (Tipp 99). Das kann eine Lösung erleichtern.

Probleme mit Distanz beurteilen

83

Es gibt diese Menschen, die den ganzen Tag nichts anderes zu tun haben, als aus dem Fenster zu schauen. Nicht nur so durch die Scheibe, nein. Gemeint sind die, die sich ein schönes Kissen auf die Fensterbank legen, noch eine Tasse Tee danebenstellen und dann bei offenem Fenster die Kontrolle über die Welt zu übernehmen scheinen.

Überblick haben

Blöd, faul oder auch neugierig, denkt man. Aber warum es nicht einmal selbst ausprobieren: Man guckt die Welt von oben an, erster, zweiter – besser noch dritter oder vierter Stock. Eine gute Perspektive! Von oben betrachtet, sieht vieles doch gleich ganz anders aus (Tipp 57, 58)!

› Tipp 57, 58

Man nimmt sich Zeit, schaut ganz bewusst, beobachtet genau und macht es sich auch noch gemütlich dabei. Details rücken plötzlich stärker in den Fokus der Aufmerksamkeit. Vielleicht sieht man etwas, was man zuvor noch gar nicht so gesehen hat. Etwas, das man gar nicht erwartet hat, Neues erscheint am Horizont.

Details entdecken

Wozu das alles? Man ist informiert, nimmt wahr, was um einen herum passiert, ist mit Auge und Ohr am Puls der Zeit – zumindest was die eigene Umgebung betrifft.
Und, was viel wichtiger ist: Man kann sich einmischen, eingreifen, unterstützen und vielleicht sogar weiterhelfen. Denn der Blick von da oben ist etwas Besonderes.

Gleich mal ausprobieren

Sie haben ein Problem, für das Sie keine Lösung finden? Sie haben verzweifelt hin und her überlegt, aber sind zu keinem Ergebnis gekommen? Dann gehen Sie auf Distanz! Versuchen Sie das Problem von außen zu betrachten, wählen Sie einen anderen Blickwinkel.
Kommen Sie zur Ruhe und entdecken Sie alternative Lösungswege (Tipp 80). Finden Sie mit etwas Abstand zum Geschehen heraus, wo die wirklichen Knackpunkte des Problems liegen, tauschen Sie sich mit anderen darüber aus und holen Sie sich vielleicht auch Rat.

› Tipp 80

84 Probleme in Relation sehen

Sie nehmen das Leben und das Arbeiten sehr ernst. Sie wollen einen guten Job machen und Sie strengen sich an, Ihre eigenen Erwartungen diesbezüglich so gut wie möglich zu erfüllen. Daran soll bestimmt auch dieser Tipp nichts ändern, aber:

Nicht überbewerten

Manchmal neigt man einfach zu Übertreibungen. Plötzlich gewinnen Dinge die Übermacht, die eigentlich gar nicht so wichtig sind. Kleine Aufgaben bekommen eine Größe, die sie eigentlich gar nicht haben, und man bewertet sie völlig über, ohne es zu merken.

› Tipp 11, 33

Wenn z. B. noch eine Klassenarbeit zu korrigieren ist und diese Aufgabe bedrückt einen, weil man schon eine Woche hinter dem eigentlichen Rückgabetermin liegt und immer noch nicht damit angefangen hat, wird diese eigentlich normale Aufgabe plötzlich zu einer großen Belastung (Tipp 11, 33). Sie hält Einzug in die eigenen Träume, schon beim Aufwachen verschwendet man seinen ersten Gedanken an diese Arbeit und gibt ihr damit einen sehr großen Raum.

Verhältnismäßigkeit herstellen

Dieses Verhalten lässt sich auf die Spitze treiben, bis plötzlich das eigene Leben davon abzuhängen scheint – das ist natürlich Unsinn und steht in keinem Verhältnis zum Problem! Wenn aber in so einem Moment ein befreundeter Kollege die Nachricht bekommt, dass er schwer krank ist, oder ein Familienangehöriger verunglückt ist, wird die Korrektur der Klassenarbeit plötzlich wieder zu dem, was sie eigentlich ist: ein ganz normaler Bestandteil der eigenen Arbeit, mal mehr und mal weniger beliebt, mal zeitaufwendiger und mal schneller erledigt – aber eben nur eine Aufgabe.

Diese Tatsache können Sie sich zunutze machen, wenn Ihnen wieder einmal die Dinge über den Kopf zu wachsen scheinen. Denn normalerweise gehören die beruflichen Pflichten nicht zu den lebenswichtigen und entscheidenden Dingen. Im Gegenteil, sie sind vergleichsweise doch sogar eher unwichtig – zumindest im Vergleich zum wirklichen Ernst des Lebens.

Gleich mal ausprobieren

Sie fühlen sich Ihren beruflichen Verpflichtungen nicht gewachsen? Dann setzen Sie die Bedeutung Ihrer Arbeit öfter einmal in Relation zu anderen Ereignissen, Bedürfnissen oder Situationen.

Die beruflichen Aufgaben werden auf diese Weise wieder die ihnen zustehende Wichtigkeit und Größe erhalten, und Sie können sich wieder mit voller Energie der Erfüllung dieser Aufgaben widmen – und trotzdem gut schlafen und entspannt leben.

LÖSUNGSORIENTIERT DENKEN

85

Lösungen suchen, Fortschritte machen

Es scheint in der Natur des Menschen zu liegen, sich lieber in Probleme „einzugraben", anstatt Lösungen anzustreben. Ist ja auch viel einfacher: Die Probleme sind schon da, sind greifbar, man kann darüber reden, man erntet sogar sehr leicht Verständnis oder gar Mitleid. Das tut gut und sicherlich kann es manchmal auch schon helfen, wenn man nur über die Probleme spricht. Fortschritte macht man aber nur mit Lösungen!

Gleich mal ausprobieren

Versuchen Sie für nachfolgende Fragen bzw. Aussagen andere Formulierungen zu finden, die lösungsorientiert sind:

1. Ich kann machen, was ich will, es funktioniert einfach nicht!
2. Jedes Mal wenn ich an diesem Thema arbeite, lande ich wieder ganz woanders.
3. Die Schüler hören heutzutage einfach nicht mehr zu.
4. Kann es sein, dass sich wirklich keiner der Kollegen dafür interessiert?
5. Mein Schulleiter ist nie zu sprechen, wenn man ihn mal braucht.

Auflösung folgt ...

Positiv denken

Oft ist es schon die Fragestellung, die den Lösungsansatz vereitelt. Bringt diese nämlich von vornherein Scheitern oder Unlösbarkeit zum Ausdruck, rückt eine Lösung in weite Ferne. Das Problem wird dadurch geradezu untermauert, anstatt dass nach einer Lösung gesucht wird.

› Tipp 80

Und damit fängt es an: Wer Lösungen sucht, kann sie auch finden (Tipp 80)! Das eigene Denken und Reden, Formulieren und Diskutieren muss sich nur in Richtung Lösung orientieren.

SOS-Tipp

› Tipp 83

Man darf nicht fragen, ob das Problem da ist oder wie groß es ist. Das weiß man ja bereits. Vielmehr sollte man sich folgende Fragen stellen: Wo findet man die Lösung? Welche Wege zeigen in eine gute Richtung? Wie können Lösungsfreiräume geschaffen werden (Tipp 83)?

Gleich mal ausprobieren

... das sind lösungsorientierte Fragen und Antworten:

1. Was kann ich anders machen, damit es funktioniert?

2. Bei diesem Thema schweife ich gerne ab, ich muss aufpassen, dass ich dranbleibe!

› Tipp 43

3. Wie kann ich die Aufmerksamkeit der Schüler gewinnen (Tipp 43)?

4. Was könnte ich tun, um diese Angelegenheit auch für die Kollegen spannend zu machen?

5. Schulleiter müssen für ihre Lehrer da sein, ich fordere das ein.

Veränderungen meistern

86

Zu den größten psychischen Belastungen für den Menschen zählen in der Regel Ereignisse, die entweder etwas Neues beinhalten, etwas verändern oder eine unbekannte Komponente enthalten.

Für Lehrer heißt das: Jede einzelne Unterrichtsstunde ist eine psychische Belastung. Jedes Mal erwarten einen Lehrer neue Aspekte, veränderte Situationen und als große Unbekannte: die Schüler.

Veränderungen bedeuten psychische Belastung

Auch jeder Schuljahresanfang wird so zu einer psychischen Belastung. Denn es gibt neue Stundenpläne, Veränderungen werden nötig, und mit jeder Klassenstufe oder jedem Unterrichtsinhalt, den man vorher nicht unterrichtet hat, kommt etwas Unbekanntes auf einen zu.

› Tipp 50, 51

Häufig lösen solche Situationen Ablehnung und Unzufriedenheit in einem aus (Tipp 50, 51). Das ist ganz natürlich. Viel lieber würde man mit dem Stundenplan des letzten Jahres weiterarbeiten. Man müsste nicht jeden Tag erneut auf Raumsuche gehen, man wüsste, wo man hin muss. Es gäbe keine neuen Namen, die man sich merken müsste, man würde seine Schüler kennen. Schließlich bräuchte man keine neuen Inhalte erarbeiten, man hätte den Stoff parat.

Veränderung als Chance begreifen

Deshalb ist es wichtig, solche Situationen nicht nur als Belastung, sondern auch als neue Chance zu sehen. Das gelingt, wenn man sich klarmacht, wo Vor- und Nachteile in neuen, veränderten und unbekannten Situationen stecken.

Gleich mal ausprobieren

Notieren Sie eine unangenehme Situation und ergänzen Sie die Tabelle. Probieren Sie, im Schlusssatz einen positiven Gesamteffekt der neuen Situation zu formulieren.

Situation:	Nachteil:	Vorteil:
Das ist neu:		
Das hat sich verändert:		
Das ist unbekannt:		
Ich möchte von dieser Situation profitieren, weil …		

87 Stück für Stück Veränderung schaffen

Alles wird anders, nichts ist, wie es sein soll – in so einem Fall sind auch Veränderungen bei einem selbst gefragt. Doch wie schwer es ist, Dinge wirklich zu verändern, weiß jeder. Wie oft hat man schon probiert, mit dem Rauchen aufzuhören oder morgens eine Viertelstunde früher aufzustehen. Alles ohne Erfolg?

Mit kleinen Veränderungen beginnen

Veränderungen fallen schwer – und je größer sie sind, desto höher ist die Chance auf Misserfolg. Aber genau hier liegt auch die Lösung des Problems: Vergessen Sie die großen Veränderungen – die gelingen wahrscheinlich sowieso nicht. Konzentrieren Sie sich auf die kleinen Dinge! Hier ist die Chance auf Erfolg ungleich größer.

SOS-Tipp

Und wenn es doch gilt, mal eine große Veränderung zu vollziehen? Auch die großen Veränderungen bestehen zumeist aus vielen kleinen. Sehen Sie sich diese getrennt voneinander an und lösen Sie sie nacheinander, Schritt für Schritt. Dann gelingt auch hier die Veränderung (Tipp 78).

› Tipp 78

Gleich mal ausprobieren

Welche Veränderung schwebt Ihnen schon lange vor und Sie haben sich bloß noch nicht getraut, sie anzugehen?
Nehmen Sie sich ein großes Problem vor – z.B. Ordnung in ihre Arbeitsunterlagen bringen (Tipp 14, 16–18). Versuchen Sie, das Problem in seine einzelnen Bestandteile zu zerlegen. Welche verschiedenen Bereiche gibt es? Unterrichtsmaterial, verschiedene Zettel auf dem Schreibtisch, Dokumente in Ihrem Computer (Tipp 24) usw.
Wählen Sie davon einen Teilbereich aus und unterteilen Sie diesen wiederum in die damit zusammenhängenden Unter-Probleme – so lange, bis Sie das Gefühl haben, dass Sie das gefundene kleinste Problem auch wirklich lösen können – verändern können. Und damit fangen Sie an!

› Tipp 14, 16–18
› Tipp 24

Achtung!

Nehmen Sie sich vor, wirklich nur die Veränderungen anzugehen, die Sie in absehbarer Zeit oder sofort – auf jeden Fall aber, bei realistischer Betrachtung, erfolgreich durchführen können. Lassen Sie die großen Problembereiche erst einmal links liegen.
Irgendwann werden Sie dank dieser Methode automatisch auch auf die großen Veränderungen stoßen – aber die sind dann meistens schon getan – denn Sie haben sich konsequent herangearbeitet (Tipp 65).

› Tipp 65

Veränderungen bewältigen, zufrieden sein

Die Bewältigung der tatsächlich kleinstmöglichen Veränderung macht nicht nur zufriedener und ermöglicht effizienteres Arbeiten. Automatisch werden dabei scheinbar unlösbare, große Hindernisse aus dem Weg geräumt, (fast) ohne, dass man es merkt.

Eigenen Persönlichkeitstyp bestimmen

88

Wenn Sie dem hektischen Alltag entfliehen möchten und sich einmal wieder ganz neu auf sich selbst besinnen wollen, dann hilft es, sich über den eigenen Persönlichkeitstyp Klarheit zu verschaffen.
Folgende Fragen sollten Sie sich dazu stellen:

Introvertiert vs. extrovertiert

1. Wie verhalten Sie sich im Umgang mit anderen Menschen? Sind sie eher *introvertiert* oder eher *extrovertiert*? Denken Sie lieber einen Gedanken gründlich zu Ende, bevor Sie ihn aussprechen, oder denken Sie beim Reden nach und wissen oft am Anfang eines Satzes noch nicht, wie er enden wird? Sind Sie gerne allein glücklich oder eher gesellig? Halten Sie sich in Diskussionen zurück oder sind Sie ein Wortführer (Tipp 63)?

› Tipp 63

Unkonventionell vs. konventionell

2. Wenn Sie Informationen benötigen und diese auswerten müssen: Gehen Sie dann eher *unkonventionell* oder eher *konventionell* vor?

Sind Sie immer auf der Suche nach Widersprüchen, neuen Lösungen und kreativen Ansätzen oder arbeiten Sie eher strukturiert, z. B. mit Listen, und konzentrieren sich stets voll und ganz auf ein Problem?

Emotional vs. rational

3. Sie müssen zu einer Entscheidung gelangen. Gehen Sie eher *emotional* oder eher *rational* vor?
   Handeln Sie aus dem Bauch heraus und entscheiden auf der Basis Ihrer persönlichen Überzeugungen oder probieren Sie, objektive Kriterien zu entwickeln, auf deren Grundlage Sie handeln? Sehen Sie bei Ihrer Entscheidung eher den Menschen oder eher die Aufgabe?

Flexibel vs. strukturiert

4. Bedenken Sie Ihre persönliche Organisation: Sind Sie eher *flexibel* oder eher *strukturiert* organisiert?
   Ändern Sie kurzfristig Pläne und Termine, und können Sie mit teilweise unklaren Verhältnissen zurechtkommen oder brauchen Sie Pläne, Strukturen sowie feste Raster? Sind Sie bereit, Ihre Meinung auch mal zu ändern, oder haben Sie immer eine unumstößliche, feste Meinung?

Gleich mal ausprobieren

Welchem Typ würden Sie sich zuordnen?
Wenn Sie mit Ihrer kleinen Persönlichkeitsanalyse zufrieden sind, dann ist alles in Ordnung, haben Sie aber Punkte entdeckt, die Sie gerne an sich ändern würden, dann suchen Sie sich heute einen einzelnen Punkt heraus und entscheiden Sie sich für eine einzige Maßnahme, die Sie umsetzen möchten (Tipp 87).

› Tipp 87

89 Sich auf den Tag einstimmen

Morgens schon Fragen beantworten? Das muss man doch den ganzen Tag noch! Trotzdem.
Ziel der Fragen ist es, gewisse Dinge des Tages schon am Morgen in den Fokus zu nehmen und sich im Tagesablauf ebenso wie in konkreten Situationen immer mal wieder daran zu erinnern. Nimmt man sich z. B. morgens schon vor,

sich von diesem oder jenem Kollegen nicht provozieren zu lassen, dann gelingt das so viel besser. Oder man führt sich morgens bereits das Highlight des Tages vor Augen, dann geht der Rest bestimmt einfacher von der Hand.

Aber was fragen? Morgens? Die Fragen sollten vor allem positiv stimmen und Mut für den Tag machen. Am besten, man überlegt sich ein paar Standardfragen, die beliebig ergänzt und angepasst werden können, und die man sich jeden Morgen aufs Neue stellen kann, wie z. B.:

Fragen für den Morgen

- Was will ich heute unbedingt erreichen bzw. erledigen?
- Welchem Problem möchte ich heute unbedingt aus dem Weg gehen?
- Wem möchte ich heute etwas Gutes tun?
- Welchen Wunsch kann ich mir heute erfüllen?
- Was ist heute mein Highlight des Tages?
- Auf was kann ich mich freuen, wenn ich heute Abend nach Hause komme?
- Bin ich ausgeglichen und bereit, diesen neuen Tag in Angriff zu nehmen?

SOS-Tipp

Für den Notfall können Sie auch eine kleine Karteikarte mit den Standardfragen und den groben Antworten bei sich tragen, um ab und zu einmal einen Blick darauf zu werfen. Manchmal hilft es, wenn man sich die positiven Aussichten schwarz auf weiß vor Augen hält.

Gleich mal ausprobieren

Gehen Sie die Fragen durch und versuchen Sie, sie zu beantworten. Natürlich können Sie sie je nach Bedarf ergänzen oder verändern.
Sie brauchen diese Fragen nicht jeden Tag detailliert zu beantworten. Es reicht oft schon, wenn die Frage selbst Ihnen eine grobe Richtung für den Tag vorgibt oder Sie an etwas erinnert. Vielleicht wiederholt sich das eine oder andere auch immer wieder.

90 Resümee des Tages ziehen

Rückbesinnung passiert heute viel zu selten. Oft ist man geneigt, einfach abzuschalten und den ausklingenden Tag möglichst schnell zu vergessen. Sicher gibt es Tage, für die genau dies zutrifft: Einfach vergessen. Morgen ist ein neuer Tag!

Rückbesinnung

Aber eigentlich ist jeder Tag wert, noch einmal bedacht zu werden. Oft entdeckt man erst am Abend die kleinen Begebenheiten, die eigentlich ganz gut waren, oder auch die Besonderheiten, die im Tagesgeschäft oft untergehen.

Um die Ecke gedacht

Wenn Sie Rückschau halten, können Sie viel besser wertschätzen, was Sie den ganzen Tag geleistet haben. Das hilft Ihnen, einerseits den Tag ad acta zu legen und andererseits mit einem guten Gefühl in die Nacht zu gehen – denn das ist wichtig für einen ruhigen Schlaf und hilft, auch den nächsten Tag zu bewältigen (Tipp 27).

› Tipp 27

Fragen für den Abend

Diese Fragen können Ihnen helfen, ein Resümee des Tages zu ziehen:

1. Bin ich mit meinem Tag heute zufrieden?
2. Habe ich alles erreicht, was ich mir vorgenommen hatte?
3. Was hat mich heute besonders geärgert? Was will ich in Zukunft ändern (Tipp 51)?
4. Worüber freue ich mich heute besonders, weil es gut geglückt ist oder erfolgreich war?
5. Was hätte noch gefehlt, um den Tag perfekt zu machen?
6. Habe ich heute Begegnungen gehabt, die mir weitergeholfen haben?
7. Habe ich mich belohnt, mir etwas Gutes getan?

› Tipp 51

Gleich mal ausprobieren

Sehen Sie sich die Fragen genau an und modifizieren Sie sie, wo nötig. Sind Ihre Antworten zufriedenstellend?

Für fünf Minuten die Welt anhalten

91

Ein Termin jagt den anderen, die Arbeiten müssen noch korrigiert werden, die Kollegin muss noch angerufen werden und für die Klassenfahrt muss noch der Bus organisiert werden ... Hektik ist angesagt!
In so einer Situation kann einem schon mal der Schweiß ausbrechen und plötzlich ist das Gefühl der Überlastung ganz nah – alles kaum zu schaffen (Tipp 62)!

Gefühl der Überlastung

› Tipp 62

SOS-Tipp

Sie rennen von A nach B?
Das Telefon klingelt und gleichzeitig läutet es an der Haustür?
Die Zeit rennt Ihnen davon?
Sie müssen noch unbedingt ganz schnell ...
***Halt!* Setzen Sie sich einfach mal kurz hin – egal wo! Und dann atmen Sie ganz langsam tief durch!**

Manchmal muss man da durch – aber dann hilft es, in solchen Momenten kurz inne zu halten, um die Welt für fünf Minuten anzuhalten und alles um sich herum für einen Augenblick zu vergessen: Schule, Kollegen, Familie – einfach alles.
In diesen selbst verordneten fünf Minuten der Ruhe brennt absolut nichts an, nichts geht verloren und keiner kommt zu kurz.

Auszeit nehmen

Gleich mal ausprobieren

Suchen Sie mal in Ihrer Küche nach einem guten Tee, genießen Sie eine Tasse davon und versuchen Sie dann – ohne irgendeinen Gedanken an irgendetwas zu verschwenden – fünf Minuten einfach nur bei sich selbst zu sein und durchzuatmen (Tipp 92). Schließen Sie vielleicht noch für einen Moment die Augen und genießen Sie ein Gefühl von Ruhe und Entspannung.
Na, wie fühlt sich das an?

› Tipp 92

Konzentriert weiterarbeiten

Schon dieser kurze Moment des Innehaltens kann deutlich machen, dass das Leben auch noch andere Aspekte neben Stress und Hektik hat – und die sind genauso wichtig, wie das Erledigen all der Aufgaben. Diese fünf Minuten können helfen, dass man nicht erneut unnötig in Hektik verfällt (Tipp 12), sondern stattdessen wieder konzentriert seiner Arbeit nachgehen kann.

› Tipp 12

Gar nichts tun und entspannen

92

Gleich mal ausprobieren

Gar nicht so einfach – *nichts* zu tun, einfach so. So schwer die Übung ist, so entspannend ihre Wirkung. Gönnen Sie sich diese Momente des bewussten Nichtstuns.

Nichtstun trainieren

Wie alle anderen Entspannungsübungen, so ist auch das Nichtstun am Anfang sehr schwer und muss trainiert werden, aber je häufiger Sie solche Momente bewusst angehen, desto einfacher wird es, einfach mal nichts zu tun.

Körper und Geist brauchen diese Momente der Entspannung, denn der Wechsel zwischen Anspannung und Entspannung kommt dem gesamten Organismus zugute. Nach Phasen der Entspannung ist wieder Kraft da, große Dinge in Angriff zu nehmen.

Achtung!

Es ist wichtig, beim Nichtstun eines zu bedenken: nichts ist nichts, eben gar nichts. Nicht denken, nicht schauen, nicht träumen, nicht schlafen, nicht laufen, nicht schreiben, nichts!

Mit Musik entspannen

93

Manchmal muss man sie einfach mal vergessen, die Sorgen und Probleme des Schulalltags; manchmal muss auch der Körper sich von seiner Anspannung befreien – manchmal ist es eben nötig zu entspannen. Und das gelingt einigen Menschen besser mithilfe von Musik.
Also kein Problem? Einfach Musik anschalten und gar nichts tun? Über 30 Minuten lang? Das ist schon schwieriger, aber machbar. Doch wie wählt man die passende Musik aus?

Jede Musik ist entspannungstauglich

Grundsätzlich ist jede Art von Musik entspannungstauglich. Die einen mögen Heavy Metal, die anderen bevorzugen spezielle Entspannungs-Musik. Das ist Geschmackssache, allerdings nicht nur.
Die eigentliche Kunst besteht darin, die passende Musik für den Augenblick zu finden. Eben genau die Musik, bei der man sich durch bloßes Zuhören im Moment am besten entspannen kann, die Musik, die zur eigenen Befindlichkeit passt.

Achtung!

Nutzen Sie die ganze Bandbreite der Musikrichtungen. Sicherlich variiert auch Ihr Musikgeschmack: Manchmal hören Sie Verdi oder Beethoven, manchmal gefällt Ihnen Robbie Williams oder Eva Cassidy und manchmal darf es auch Free Jazz oder eben Heavy Metal sein. Je nach Verfassung, kann jede Richtung entspannend wirken!

Bevor man die Musik auswählt, muss man feststellen, wie man sich gerade fühlt: Eher hektisch oder leicht nervös, abgespannt oder einfach nur müde?

Musik und Befindlichkeit

Danach versucht man, die richtige Musik zu wählen. Diese kann entweder die momentane Befindlichkeit unterstützen oder auch vollkommen im Gegensatz dazu stehen. Es gibt hier keine Regel, aber mit ein wenig Übung findet man schnell heraus, welche Musik die richtige ist, um 30 Minuten zu entspannen.

Gleich mal ausprobieren

Schalten Sie alles ab, was Sie stören könnte: Handy, Telefon usw. Machen Sie die Tür zu, lassen Sie Mitbewohner wissen, dass Sie nicht zu sprechen sind, und stellen Sie die Musik ruhig etwas lauter. Setzen oder legen Sie sich bequem hin, schließen Sie die Augen und versuchen Sie abzuschalten.
Haben Sie es geschafft oder sind Sie vielleicht eingeschlafen? 30 Minuten sind eine lange Zeit. Um diese wohltuend zu gestalten, braucht es etwas Übung und vor allem die richtige Musik. Geben Sie nicht auf, wenn es beim ersten Mal noch nicht so richtig geklappt hat! Körper und Geist müssen sich an diese Auszeiten erst einmal gewöhnen (Tipp 92).

› Tipp 92

Bewusst atmen

94

Normalerweise atmet jeder Mensch ganz von allein – automatisch. Aber was da so täglich wie von selbst passiert, kann man auf unterschiedliche Weise auch gut für die eigene Entspannung nutzen. Atmet man bewusster, ist man in der Lage, auch schneller zu entspannen – und den lebensnotwendigen Sauerstoff dahin zu bringen, wo er hingehört: ganz tief in die Atemwege.

Atmen und entspannen

Atemtechniken

Tief durchatmen

Die schnellste Möglichkeit, sich zu entspannen: Mal ganz tief durchatmen, dreimal, viermal.

Kräftig ausatmen

Einfach mal alles rauslassen, auch die Luft: Bewusst langsam aber intensiv alle – verbrauchte – Luft rauslassen. Dabei wird gleichzeitig auch Stress abgebaut.

In den Bauch atmen

Wenn man aufgeregt ist, sollte man ganz aufmerksam in den Bauch atmen: Das macht ruhig und entspannt.

Um die Ecke gedacht

Bei körperlicher Anstrengung sollte man auch in den Bauch atmen, nicht nur in die Lunge! Die Bauchatmung (das Einatmen nach unten) ist für den Körper weniger anstrengend als die Brustatmung (Heben des Brustkorbs). Daher wird z. B. in der Sprecherziehung und der Gesangsausbildung trainiert, nur in den Bauch zu atmen.

Langsam und tief atmen

Normalerweise atmet man sehr kurz, dafür umso häufiger. Beim langen, langsamen und tiefen Atmen wird der ganze Organismus beruhigt.

Durch die Nase ein-, durch den Mund ausatmen

Besonders günstig beim Laufen (Tipp 98), aber auch sonst eine gute Übung für das bewusste Atmen. › Tipp 98

Gleich mal ausprobieren

Wer Zeit für eine Übung hat, kann auch Folgendes probieren: Sich einfach hinlegen, die Augen schließen, bewusst alles, was einen bedrückt, und alle Anspannung nach unten in den Boden ausatmen.
Anschließend bewusst in die verschiedenen Körperteile atmen, angefangen bei den Beinen bis zu den Händen, und somit frische und unverbrauchte Energie aufnehmen.
Zum Schluss einmal ganz bewusst tief durchatmen, langsam wieder Bewegung in den Körper bringen und die Augen wieder öffnen (Tipp 97). › Tipp 97

Ausreichend trinken und entspannen

95

Ja, etwas trinken entspannt, aber die Rede ist hier nicht von Bier, Wein, Schnaps, schwarzem Tee und Kaffee. Die Rede ist von stillem Wasser, Frucht- und Gemüsesäften sowie von Früchte- und Kräutertee.

Ausreichend Flüssigkeit

Der Mensch braucht täglich, je nach Konstitution, eineinhalb bis zwei Liter Flüssigkeit. Bekommt er diese nicht, so entsteht durch eine zu hohe Kochsalzkonzentration im Blut Durst, später empfindet man ein Trockenheitsgefühl im Mund. In Extremsituationen kann es aufgrund von fehlender Flüssigkeitszufuhr sogar zu Sprachstörungen und Nierenschäden kommen.

Schlucken entspannt

Die Schluckbewegung an sich erfordert allein schon Konzentration und beruhigt das Nervensystem. Hat man sich gerade sehr über etwas geärgert, hilft es also tatsächlich, etwas zu trinken. Die Sorgen werden im wahrsten Sinne des Wortes hinuntergespült, denn die Schluckbewegung beim Trinken entspannt die gesamte Muskulatur.

Gleich mal ausprobieren

Gehen Sie zum Kühlschrank und gießen Sie sich ein Glas Wasser ein. Trinken Sie es ganz bewusst und versuchen Sie, sich dabei zu entspannen.

Um die Ecke gedacht

Wasser strafft die Haut und lässt Sie erholter und gesünder aussehen: Kneifen Sie sich einmal selbst unterhalb des Auges. Glättet sich die entstandene Falte nur sehr langsam wieder, wird es höchste Zeit, etwas zu trinken.
Auch unkontrolliertes Muskelzucken in Situationen der Anspannung, z. B. im Gesicht oder an der Hand, kann durch den ausreichenden Genuss von Wasser spürbar verringert werden.

96 Duschen oder ein Bad nehmen?

Duschen oder baden geht man, um den Körper zu reinigen. Es hat aber auch noch andere, sehr angenehme Effekte. Und diese sollte man sich immer mal wieder in Erinnerung rufen.

Das Wannenbad

Baden entspannt

Legt man sich abends in die Badewanne, so tut man das vor allem, um zu entspannen, abzuschalten und neue Energie zu tanken. Daher sollte man sich ruhig etwas gönnen, wenn man sich in die Badewanne legt: einige Kerzen, eine Duftlampe, entspannende Badezusätze, ruhige Musik (Tipp 93). Und dann hängt man an die Badezimmertür noch ein großes Schild: *Bitte nicht stören!*

› Tipp 93

So kann man eine feste Bade-Zeremonie entwickeln, die einen für die kommenden Aufgaben stärkt. Hört man immer wieder die gleiche Musik, kann diese zu einem festen Bestandteil des Rituals werden.
Nach dem Wannenbad am Abend geht es dann direkt ins vorgewärmte Bett, in dem man sicher tief und fest schlafen wird.

Die Dusche

Duschen erfrischt oder entspannt

Steigt man unter die Dusche, so vor allem deshalb, um den kurzen, schnellen Kick zu bekommen. Die Dusche weckt am Morgen besonders schnell die Lebensgeister. Und ist man nachmittags abgespannt, so hilft es ebenfalls, sich kurz unter die Dusche zu stellen. Merklich erfrischt und gleichzeitig entspannt, widmet man sich mit neuer Kraft den Aufgaben des restlichen Tages.
Bei der Dusche zwischendurch sollte man sich keine Sorgen machen, ob es für den Körper und die Haut gut ist, zwei-, drei- oder viermal am Tag zu duschen. Wichtig ist allein, ob man sich danach besser fühlt.
Kaltes Duschen wirkt auf den Kreislauf besonders anregend, da es die Durchblutung fördert. Warmes Duschen dagegen hat eine eher entspannende Wirkung.

Achtung!

Ob man nun eiskalt, kalt, lauwarm, warm oder heiß duscht: Die Meinungen zum Duschen mit unterschiedlichen Temperaturen gehen weit auseinander. Finden Sie selbst heraus, was Ihnen gut tut, bzw. beraten Sie sich mit einem Arzt Ihres Vertrauens.

Gleich mal ausprobieren

Nutzen Sie den entspannenden bzw. stärkenden Effekt eines Wannenbads bzw. einer Dusche.

› Tipp 4

Auch wenn Sie gerade denken, dass Sie dazu eigentlich gar keine Zeit haben (Tipp 4): Steigen Sie unter die Dusche! Mit neuer Energie und gestärkt, schaffen Sie trotz Zeitverlust sicher mehr als es ohne eine erfrischende Dusche der Fall gewesen wäre.

Autogenes Training

97

Das Autogene Training ist eine Entspannungsübung, die allein oder besser unter Anleitung erlernt werden kann. Sie hilft, Stress abzubauen und neue Kraft zu schöpfen.

7 Übungsphasen

Sie besteht in der Regel aus sieben aufeinander folgenden Übungen, die von dem Psychiater Johannes Heinrich Schultz in der ersten Hälfte des 20. Jahrhunderts in dem Buch „Das Autogene Training" veröffentlicht wurden:

1. **Ruhe-Übung:** Es wird eine entspannende Haltung im Sitzen oder Liegen eingenommen. Der Körper kommt zur Ruhe. Man spricht sich selbst Sätze zur Beruhigung zu (z. B. „Ich komme zur Ruhe" usw.).
2. **Schwere-Übung:** Man spricht sich zu, dass Arme und Beine ganz schwer werden. Arme und Beine fühlen sich nun tatsächlich schwerer an, Muskeln entspannen sich.
3. **Wärme-Übung:** Arme und Beine fühlen sich warm an, man spricht sich selbst dieses Empfinden zu.

4. **Atem-Übung:** Man atmet ruhig und tief ein und aus (Tipp 94). Man konzentriert sich ganz auf die einströmende Luft und spricht zu sich z. B.: „Ich atme tief und ruhig“.
5. **Herz-Übung:** Indem man z. B. zu sich spricht: „Mein Herz schlägt ruhig und gelassen“, konzentriert man sich ganz auf seinen Herzschlag und entspannt weiter.
6. **Solarplexus-Übung:** Man konzentriert sich auf den Solarplexus (Sonnengeflecht, die Vertiefung in der Mitte des Rumpfes wo die Rippenbögen zusammentreffen). Man stellt sich vor, dass der Solarplexus stärker durchblutet und warm wird.
7. **Kopf-Übung:** Die Stirn ist kühl, man konzentriert sich auf diese. Diese Übung dient dem Wachwerden und beendet das Autogene Training.

(vgl. dazu Schultz, Johannes Heinrich (2003): Das Autogene Training. Konzentrative Selbstentspannung. Versuch einer klinisch-praktischen Darstellung, Thieme Verlag: Stuttgart.)

› Tipp 94

Autosuggestion

Das autogene Training beruht auf Autosuggestion. Dabei entstehen Ursachen für Zustände, die man sich selbst vorstellt. Spricht man sich also zu, dass Beine und Arme warm sind, werden diese tatsächlich stärker durchblutet.

Gleich mal ausprobieren

Autogenes Training hilft auch bei Schlafstörungen und Einschlafproblemen.

Wenn Sie nach einem anstrengenden Tag im Bett liegen, aber nicht einschlafen können, versuchen Sie einfach Folgendes: Nehmen Sie im Bett eine bequeme Lage ein. Spüren Sie bewusst die Unterlage und nehmen Sie ein paar tiefe Atemzüge. Gehen Sie die sieben Phasen des Autogenen Trainings wie beschrieben durch.

Spüren Sie, wie Sie Ruhe finden, wie die Muskeln sich entspannen und Ihr Atem langsamer und ruhiger wird.

JOGGEN

98

Joggen gehen oder sich anders sportlich zu betätigen, kostet Kraft. Und Zeit. Im ungünstigsten Fall auch noch Geld, wenn man unbedingt mit der Mode gehen will und immer die neuesten High-Tech-Klamotten tragen möchte.
Regelmäßig Sport zu treiben, ist aber auch eine Investition in die eigene Gesundheit und in das eigene Wohlbefinden. Das ist keine Neuigkeit, kann aber nicht oft genug betont werden.

Gesundheit und Wohlbefinden

Speziell allein laufen, z. B. in Form von Joggen oder Nordic Walking, kann zu einer besonders intensiven Form der Entspannung führen. Weder Telefon, noch Computer, Fernseher, Kinder oder Ehepartner können einen davon ablenken, sich mit seinen eigenen Gedanken zu beschäftigen.
Manch einer läuft am liebsten morgens, ein anderer vielleicht besser am späten Nachmittag. Man muss einfach ausprobieren, womit man am besten zurechtkommt.

SOS-Tipp

Am Anfang besser nur kleine Strecken laufen, nach einigen Wochen kann man seine Runden durch die Natur dann ausdehnen.

Nicht zu schnell aufgeben!

Zu Beginn macht das Laufen vielleicht keinen Spaß, die Anstrengung überwiegt. Spaß und Genuss kommen aber mit der Zeit dazu, und daher sollte man den Sport nicht zu schnell wieder an den Nagel hängen.

Achtung!

An die Schule zu denken, ist auch beim Sport erlaubt. Machen Sie sich nicht den Stress, zu versuchen, die Schule aus Ihren Gedanken zu verdrängen. Im Gegenteil, oft kommen einem erst die richtig guten Gedanken und Ideen (Tipp 32), wenn man nicht von anderen Dingen abgelenkt wird.

› Tipp 32

Gleich mal ausprobieren

Zum Joggen braucht man keine umfangreiche Ausstattung: Ein Paar gute Schuhe, eine Jogging-Hose und ein T-Shirt genügen.
Schließen Sie sich nicht unbedingt von Anfang an einer Laufgruppe an. Versuchen Sie es lieber allein, so haben Sie wirklich die Chance, mit sich selbst und nicht mit anderen Erfahrungen zu machen.
Gehören Sie allerdings zu den Menschen, die schnell aufgeben, dann machen Sie es genau andersherum: Lernen Sie das Joggen in der Gruppe, und wenn es Ihnen dann nicht mehr schwerfällt, den eigenen Schweinehund zu überwinden, laufen Sie allein.

Wut abreagieren

99

Manchmal braucht Wut ein Ventil, denn mit Wut im Bauch kann man keinen guten Job machen – das ist hinreichend bekannt.

Wut ist ganz natürlich und sollte deshalb auch auf gar keinen Fall prinzipiell unterdrückt werden. Im Gegenteil, angestaute Aggressionen sollten gezielt an (dafür vorgesehenen) Gegenständen abgebaut werden. Das bewahrt die Mitmenschen vor verbalen und vielleicht auch körperlichen Übergriffen und führt generell zu einem besseren Umgang mit der Wut.

Umgang mit Wut

Allerdings kann man ja nicht immer gegen den nächstbesten Papierkorb treten, wenn man gerade mal wieder auf 180 ist. Was also tun?
Eine Wutkugel kann Abhilfe schaffen. Man nimmt sie einfach in spannungsvollen Momenten in die Hand und knetet, drückt und bearbeitet sie nach Lust und Laune. Man versucht schlicht, die eigene Anspannung und Wut in die Kugel zu drücken. Das tut keinem weh – auch der Kugel nicht – und baut Aggression ab.

Aggressionen abbauen

Gleich mal ausprobieren

BASTELANLEITUNG: WUTKUGEL

Nehmen Sie sich zwei gleich große Luftballons.

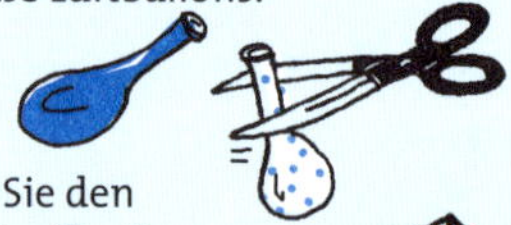

Bei dem einen Ballon schneiden Sie den Hals ab und füllen ihn wirklich straff mit Sand, Mehl oder Reis.

Dann stülpen Sie den zweiten Ballon so über den anderen – hier sind zwei weitere Hände vielleicht hilfreich –, dass das Loch des ersten Ballons komplett vom zweiten Ballon abgedeckt ist.

Den zweiten Ballon nun ebenfalls vorsichtig am Hals abschneiden oder einfach zuknoten.

Fertig! Viel Spaß!

Sicher können Sie auch einfach in ein Kissen beißen, das Altglas zum Container bringen oder Holz hacken gehen. Finden Sie einfach einen Gegenstand oder eine Tätigkeit, bei der Sie im Notfall Ihre Wut loswerden können.

Register

(Die Verweise beziehen sich auf die jeweiligen Tipp-Nummern.)